高校教育教学管理与实践研究

郭优　张欣欣　贾晓泳　著

延边大学出版社

图书在版编目（CIP）数据

高校教育教学管理与实践研究 / 郭优，张欣欣，贾晓泳著. -- 延吉 ： 延边大学出版社,2023.7
ISBN 978-7-230-05228-3

Ⅰ. ①高… Ⅱ. ①郭… ②张… ③贾… Ⅲ. ①高等学校－教学管理－研究 Ⅳ. ①G647.3

中国国家版本馆CIP数据核字(2023)第137965号

高校教育教学管理与实践研究

著　　者：郭　优　张欣欣　贾晓泳
责任编辑：李　磊
封面设计：文合文化
出版发行：延边大学出版社
社　　址：吉林省延吉市公园路977号　　　　邮　　编：133002
网　　址：http://www.ydcbs.com　　　　　E-mail：ydcbs@ydcbs.com
电　　话：0433-2732435　　　　　　　　传　　真：0433-2732434
印　　刷：廊坊市广阳区九洲印刷厂
开　　本：787×1092　1/16
印　　张：10.25
字　　数：220 千字
版　　次：2023 年 7 月 第 1 版
印　　次：2023 年 7 月 第 1 次印刷
书　　号：ISBN 978-7-230-05228-3

定价：78.00元

前 言

进入 21 世纪以来，随着改革开放的日益深入和我国经济社会的不断发展，我国高等教育的宏观背景和微观环境均已发生重大变化，培养具有创新精神和实践能力的人才成为社会对高等教育教学的必然要求。

高校教育是我国教育体系中非常重要的一环，同时高校也是为社会输送和培养专业人才的重要基地。随着社会和时代的进步，教育形势发生了很大的变化，在新形势下社会对人才有了新的要求，对人才专业程度的要求更高。高校教育是学生在步入社会前最后阶段的教育，因此社会越来越重视高校教育的效果和质量。这种高期望促使高校的教育机制不断进行变革和发展，因为只有这样，高校才能保证培养的人才能够符合社会发展的需要，为社会的不断发展作出贡献。

本书论述了当代中国高校学生教育管理的相关内容，详细阐释了高校师资管理、高校课程管理、高校学生的学习教育与管理、高校校园文化建设与专业教学管理，并对高校学生社团的建设与管理、高校后勤社会化与学生教育管理、高校学业评价与管理以及高校教学档案管理等相关内容进行了分析。

在撰写过程中，为提升本书的学术性与严谨性，笔者参阅了大量的文献资料，引用了一些前辈同仁的研究成果，因篇幅有限，不能一一列举，在此一并向他们表示最诚挚的感谢。

由于高校教育教学管理涉及的范畴比较广，需要探索的层面比较深，笔者在撰写本书的过程中难免会存在一定不足，对一些相关问题的研究不够透彻，衷心希望广大读者能够批评指正。

笔者

2022 年 12 月

目　录

第一章　当代中国高校学生
教育管理概述

第一节　以国际视角和现代高校教育理念
审视当代中国高校学生教育管理

一、以国际视角审视当代中国高校的学生教育管理

（一）从中国的国际地位审视当代中国高校学生教育管理

一个国家、一个民族在国际社会的地位与影响直接或间接地左右着该国公民，特别是该国具有良好教育基础和文化背景的公民——高校学生的精神生活。在当代国际社会，中国作为一个在世界上有着重要影响力的大国，是世界经济发展最活跃的国家之一，其国际地位、国际声望逐渐被国际社会认可。

中国的崛起，源于自立于世界民族之林的爱国主义精神和民族主义精神，更得益于五千年优秀中华文化的熏陶。中国的精神文化足以成为让世界为之惊叹的精神瑰宝。在这种精神文化的支撑下，中国高校学生工作当然有着不竭的教育资源和动力支持。同时，在现代技术的支持下，中国、世界、高校学生已经被紧紧地联系在一起。开放的中国的高校学生，正以走向世界的豪迈步伐，将自己的发展同国家的富强、世界的发展联系在一起，将自己的命运同国家的命运、世界的未来联系在一起。显然，当代中国的国际地位与影响，已经成为高校学生教育管理工作中不可忽视的重要因素。

（二）从中国的经济发展审视当代中国高校学生教育管理

在一定意义上，一个国家的经济发展水平可以反映为公民对生活的态度及其形成的社会价值观。近年来，中国经济的稳定、快速发展举世瞩目，中国逐渐成为世界上经济发展较快和投资环境较好的国家之一。

伴随快速发展的经济形势和世界经济一体化的发展格局的往往是价值观的冲击与挑战。显然，当代中国经济的发展已经成为影响高校学生价值观形成的重要社会基础。

（三）从中国的社会进步审视当代中国高校学生教育管理

在当代，国家的社会进步往往表现在制度文明的程度与政治文明的程度上。在中国，制度文明与政治文明水平又往往体现在中国共产党的执政水平与文明程度上。

在国际社会，"西化""分化"和"自由化"势力从未退出过中国高校的意识形态领域。西方敌对势力出于其利益的需要，从没有停止过对我国和平演变的图谋。随着经济全球化、教育国际化和信息社会的兴起，西方意识形态及其价值观对我国高校学生的渗透和影响愈加突出。从表面来看，全球经济带有趋同化的特点，这就使得高校学生更难辨明"西方"和"东方"思想的本质区别。高校的地位比较特殊，它是我国信息网络发展的前沿，高校学生通过互联网获取信息已经变得十分普遍。网络是西方发达国家的优势，互联网上铺天盖地的是西方的声音。通过网络，高校学生必然受到多元文化的影响，尤其是西方资本主义国家的价值取向、生活方式对高校学生的影响更为突出，高校学生本来尚未稳定形成的人生观、价值观因此变得更加模糊。

中国社会的进步离不开中国共产党的坚强领导，而怎样教育、引导和帮助高校学生形成对党的正确认识，相信党、跟党走，在党的领导下健康成长，则是一个严峻的课题。世界上任何一个有希望的政党，总是把其未来与希望寄托于青年人身上，特别是高校学生身上。2004 年 8 月，中共中央、国务院下发了《关于进一步加强和改进大学生思想政治教育的意见》，对大学生思想政治工作状况以及开展这项工作的指导思想、基本原则、主要任务、基本途径等作了全面的部署，进一步明确了大学生思想政治教育要坚持"一个核心"（即以理想信念教育为核心）、"一个重点"（以爱国主义教育为重点）、"一个基础"（以思想道德建设为基础）和"一个目标"（以大学生全面发展为目标）。这份文件以全面、系统的战略眼光和具体可行的政策措施，将对社会主义建设者和接班人的培养、教育同大学生的培养、教育紧密联系起来。显然，进一步加强大学生思想政治教育，也有利于提高党的执政能力。

二、以现代高校教育理念审视当代中国高校的学生教育管理

（一）从现代高校教育理念审视当代中国高校学生日常教育管理工作的地位

尽管不同的时代、不同的高校和不同的教育家会持有不同的教育理念，但是培养社会需要的全面发展的人，是高校亘古不变的最基本的任务。由于知识经济的兴起，现代高校正在从社会的边缘走向社会的中心，创新知识、创新技术、服务社会和引导社会发展成为高校的使命，但是培养具有创新能力的人，并通过培养人才服务和引导社会仍然是现代高校教育理念中的核心部分。

培养人才是现代高校的基本任务，而现代高校应该怎样培养人才、培养什么样的人才，则是一个关于教育理念的问题。现代高校教育理念的核心是"以人为本，培养协调发展的富有创新能力的人才"，在这种理念下，教育活动应该以学生为主体，培养学生的主体精神，促进学生的全面发展，提高学生的创造力。也就是说，要提高道德素质以定人才方向，增强身心素质以固人才基础，人文精神和科学精神协调发展，既要着眼于做事，更要着眼于做人。在这样的教育目标下，教学和日常教育管理各自承担相应的任务，共同促进人才成长。

要成为一个真正全面发展的具有创新能力的人，仅靠课堂教学是不够的，还要重视课外活动。因此，高校学生的日常教育管理工作，对于达成教育目标非常重要。

（二）从现代高校教育理念审视当代中国高校学生教育管理

现代高校教育理念是一所高校在漫长的历史发展过程中，经过反复筛选、提炼而形成的一种观念，它反映了高校的教育观念，是对高校教育高度概括的认识。它来自高校教育的实践，又反过来指导高校的教育实践，所以教育理念对人才培养的影响是持久而连续的，也是极其深刻的。

首先，高校教育理念指导着高校管理者个体的行为。作为一名高校教育管理者，要依据教育理念，在长期形成的相对稳定的价值观念的指导下，提出、制订并落实教育培

养方案。不同教育理念指导下的管理者所提出和制订的教育培养方案不同，即使同一种教育培养方案，其管理者在不同教育理念的指导下，也会表现出不同的落实行动。

其次，高校教育理念影响着教师的教育行为。既教书又育人和重教书而轻育人是两种不同的理念。在以人为本、培养全面发展人才理念的指导下，教师就会从尊重学生、爱护学生、关心学生、发展学生出发，把教书和育人统一起来，在搞好课堂教学的同时，把育人摆在重要的位置。否则，他们就会简单地完成课堂教学的任务，而把与学生的交流沟通、关心帮助他们的全面发展置于自身的职责之外。学生与教师缺乏应有的理解，就会互相埋怨，产生对立情绪。

最后，高校教育理念影响学校的整体行为和学校的人文环境。一所高校如果坚持以人为本，注意学生的全面发展，就必然会对事关学生成长发展的问题给予密切的关注，视学生的切身利益为学校的根本利益。反映在不同层面、不同部门，就是紧紧围绕学生的全面发展积极地开展工作，在如何有效地实施人才培养计划的过程中，达成高度统一的认识。也就是说，管理层制定的规章制度充满对学生的人文关怀，开展的各种管理教育活动突出人性化特征；服务部门的各项服务工作想学生所想，急学生所急；学生利益至上成为学校的整体价值观，营造出既民主自由、宽松和谐又充满竞争、催人奋进的人才成长环境。相反，一所高校如果把学生的成长发展视为无足轻重的事，就会对学生的利益漠不关心，对于学生教育管理的问题，不同部门之间就会相互扯皮，久拖不决，或不进行深入的调查和积极的思考，随便处置，得过且过。这样会导致学生对学校的感情淡化，理解较少，甚至怨声四起，一旦矛盾激化，就很容易形成群体性事件，学校将难以平息事态。

事实上，中国高校学生教育管理中存在着现代高校教育理念的选择问题。

现代高校教育理念对培养全面发展的人才具有重要的作用，它具有自觉性、目的性。自觉性表现为行为的理性，目的性表现为行为的指向性。当一种理念在全校范围内形成后，从管理的不同层面和全校的各种功能上看，就会自然产生师生普遍认同的集体信念、群体目标和共同遵守的原则，高校教育的各个方面就会在自然而然的状态中促进人才的全面协调发展。显而易见，当代中国高校学生教育管理想要实现现代化，离不开现代高校教育理念的支持。

第二节　当代中国高校学生教育管理的
指导思想与教育理论

一、当代中国高校学生教育管理的指导思想

当代中国高校学生教育管理的指导思想是：坚持以马克思列宁主义、毛泽东思想、邓小平理论、"三个代表"重要思想、科学发展观和习近平新时代中国特色社会主义思想为指导，全面落实党的教育方针，以理想信念教育为核心，以爱国主义教育为重点，以思想道德建设为基础，以学生全面发展为目标，解放思想、实事求是、与时俱进，坚持以人为本，贴近实际、贴近生活、贴近学生，培养德智体美劳全面发展的社会主义合格建设者和可靠接班人。

二、当代中国高校学生教育管理的教育理论

现代教育理论中的教育规律、原则及理念，是当代中国高校学生教育管理不可或缺的教育理论。

在高校教育理念的三个演变阶段中，人才培养始终作为高校的根本任务，是从未改变过的基本理念。

培养全面发展的人，是一切社会活动的基础，也是现代高校最根本的任务。现代高校的科学研究是国家创新体系的重要组成部分，高校也越来越成为周边经济、文化发展的辐射源。但是，从政府到百姓，对高校最为关注的还是培养了什么样的人。这对于一个国家、一个民族以及人民群众的利益来说，更具有长久的根本的意义。所以，评价一所高校的优劣，首先应当看它培养出多少杰出的人才，包括杰出的政治家、企业家、科学家和艺术家等；其次，应当看它拥有多少名师、名家；最后看它从事的科学研究和社会服务的数量和质量。现代高校最重要的教育理念就是"以人为本"，它至少应包含以下几个含义：

（一）树立"以人为本"的哲学观

"以人为本"，就是坚持人的自然属性、社会属性、精神属性的统一，把培养社会所需求的、具有全面综合素质的人放在一切教育活动的中心。所以"以人为本"的教育管理过程，既是一种价值观培养过程，也是一种教育方法论实践的过程。

（二）树立"全面发展"的人才观

"全面发展"，就是要求在现代高校教育中坚持学生思想素质、身心素质、专业素质和人文素质的协调发展。这一切恰是高校学生教育管理的重要方面——提高高校学生的思想素质以确定人才方向，提高高校学生的身心素质以稳固人才基础，提高高校学生的专业素质以增强人才能力，提高高校学生的人文素质以提升人才修养，从而实现品德高尚、身心健康、业务精通、人格和谐、富于创新的人才培养目的。

（三）坚持"人文精神和科学精神相统一"的教育观

在"以人为本"思想的指导下，为了实现人才的全面协调发展，现代高校教育要做到：既注重学生科学素质和科学精神的培养，又注重人文素养和人文精神的培养；既注重知识的传授和业务能力的提高，又注重行为道德和文明习惯的养成；既注重理论水平的提高，又注重实践能力的锤炼。因此，现代高校教育应当从学生发展的实际需要出发，把崇尚科学、追求真理的求"真"教育和热爱祖国、热爱生活、团结协作的求"善"教育相结合，使其成为有理想、有道德、有文化、有纪律的一代新人。

第三节　当代中国高校学生教育管理面临的
难题及新机遇

一、当代中国高校学生教育管理面临的难题

随着我国社会主义市场经济体制的建立和高等教育改革的不断深化,高校正在经历着一场空前的变革。这场变革给学生的教育管理工作带来了严峻的挑战。

一是疾风骤雨式地推进大众化教育,学生规模超常规发展,办学资源滞后,导致一些高校教学资源不足,造成"人多粥少"的突出矛盾。

二是一些高校合并与扩大规模后形成了多校区办学的格局,各校区硬件、软件条件发展不均衡,文化传统各异,使得其中的学生心态复杂。既要体现学校教育管理的统一性,又要因地制宜,给学生的教育管理工作提出了诸多难题。如果各校区分散,则空间距离增加,也会给学生工作的整合与创新带来阻碍。

三是毕业生就业的市场化和毕业生数量的急剧增加,使毕业生就业的难度越来越大。尤其是一些高校增加具有时代特色的新专业和通用性专业,社会认可度不高,从而增加了这些高校的就业压力。

四是在改革高等教育投资体制、实行学生缴费上学的同时,家庭经济困难学生问题的凸现,困扰学校、学生及家长,更严重地困扰着学生教育管理工作。

五是生源结构的独生子女化,使部分学生的自我中心意识太强,对他人的宽容度不够,情感脆弱,心理素质不高,教育引导难度增大。

六是市场经济的趋利性特征增加了对学生开展素质教育的难度。一些学生不再抱着感恩的心态来接受教育,而把自己看成教育的消费者,导致传统教育的功效减弱。

七是学分制和后勤社会化改革,使得一些高校存在学生的生活服务体系和教育管理体系分离的情形,其服务体系淡化了教育与管理,而教育管理体系又失去了有效的载体,造成了教育、管理、服务在一定程度上的脱节。

八是面对复杂的国际国内形势和周边环境,高校安全稳定的基础很脆弱,突发事件防不胜防,维护安全稳定的任务十分繁重。

九是不断变化的新形势使建设一支高素质、专业化、专家化的学生教育管理工作队伍遇到了一系列的难题。

二、当代中国高校学生教育管理的新机遇

新的历史任务对高校人才培养提出了新的要求，也为高校学生教育管理工作提供了建设与发展的新机遇。

（一）高校学生教育管理的视野更加开阔

随着经济全球化进程的加快和信息时代的到来,高校的办学已经从过去的封闭式转向现在的开放型，学生工作开始跳出校园的围墙，融入社会的大潮流。培养具有国际竞争能力的高级专门人才，成为高校学生教育管理的一项新的任务，学生工作的国际化趋势开始出现。全球化和信息化为建立既具有自我特色，又符合国际化要求的学生教育管理新模式开辟了广阔的空间。

（二）高校学生的自我发展意识不断增强

科学技术迅速发展，祖国经济迅速崛起，使得广大高校学生既看到了我国在世界上赢得的地位和尊重，也看到了我国与发达国家的差距。国际竞争的压力激起了他们为中华民族伟大复兴而发奋学习、努力拼搏的民族意识和历史责任感。同时，为了获得竞争优势和更多的机遇，努力提高自身能力和素质成为思想主流。绝大部分学生非常注意多种能力的提高，热衷于参加社会实践活动和各类创新、创业活动，这为调动学生的主体意识、开展教育管理工作提供了思想基础。

（三）高校学生素质教育的条件更加优越

党和国家大力提倡和推进素质教育，为高校的素质教育提供了制度上的保证。当代高校教育注重学生的全面协调发展，与过去重知识的掌握而轻能力的培养，重智育而轻德育，重专业素质而轻思想、文化、身心素质的培养模式相比，素质教育的条件更加优越。这种政策资源的支持为高校学生教育管理工作多方位、多途径促进学生素质和创新

能力的提高，提供了理论指导和制度保证。

（四）高校学生管理与服务的领域更加广阔

在深化教育体制改革，推进高等教育大众化的过程中，高校的学生工作出现了一系列新的变化。传统的学生工作只注重学生日常行为教育和管理，当代高校的学生工作已经由单纯的教育管理转向教育、管理、服务一体化。尤其是家庭经济困难学生的资助工作、自主择业政策下的学生就业服务、后勤社会化后的学生生活服务等，已成为高校学生管理和服务工作的重要内容。工作面的拓展和服务领域的扩大，为学生教育管理的创新提供了更多的机遇。

学生教育与管理覆盖了学生在校期间的一切活动。在新的教育目标指导下，一切教育资源的开发和教育方式的优化都成为可能。经济的发展、社会的进步和高等教育的改革，为学生工作的创新提供的机遇是多方面的。

总之，学生教育管理工作，只要坚持以正确的教育理念为指导，紧密结合时代的要求和学生的实际，就可以不断寻找到新的发展机遇。

第二章　高校师资管理

第一节　高校师资管理概述

一、国内研究现状

从国内研究状况看，特别是在改革开放以后，随着我国经济体制的转轨，管理学从经济领域渗透到教育领域，研究高校管理的相关成果比较丰富。

有学者依据国外高校师资管理的经验分析我国高校师资管理改革认为，高校间的竞争本质上是师资的竞争，竞争策略、竞争方式、竞争手段各有不同，但必须遵循一个共同的理念，即尊重人的需求。物质的需求是基础，其次是权利的保障、事业的发展、职业的稳定等。

有学者从人本管理思想角度分析高校教师管理认为，高校教师的管理必须坚持以人为本，即尊重人才成长规律，尊重教师的职业特点，正确认识人的价值观，发挥人的主观能动作用，确立教师在办学治校中的核心地位，管理人员应增强服务意识和能力。

有学者从高校师资管理模式的角度研究高校师资管理认为，应该打破过于行政化、制度化、经济化的管理模式，建立与社会主义市场经济相适应的自由开放的管理模式，以发挥高校的社会服务职能。

有学者从我国经济体制变革对我国高校师资管理的影响的角度研究认为，高校的规模大小是以学生数量来衡量的，规模不同，办学效益也不同。高校担负着社会服务职能，因此高校的专业设置、专业结构应该随着社会主义市场经济中劳动市场、技术市场、信息市场的变化而进行相应调整。因此，高校教师的资源配置就要不断地进行优化调整，师资队伍的建设应充分考虑上述因素的变化。

有学者从高校师资管理中激励机制的运用角度进行师资管理研究认为，提高办学水平和办学效益的关键是教师，不仅要看教师的数量，还要看教师的积极性和主动性发挥的程度。高校教师是一个特殊的社会群体，激励理论的运用非常必要。学校应该建立一套将物质激励和精神激励有机结合的机制，赏罚分明，优胜劣汰。

二、国外研究现状

教育人力资源管理问题是在高等教育大众化的背景下引起广泛关注的。早在 20 世纪 70 年代，国外高等教育理论的研究便开始围绕高等教育由精英教育转向大众化教育所引发的问题展开。其中，比较有代表性的是美国教育社会学家马丁·特罗（Martin Trow）的"发展阶段理论"，其反映了西方发达国家在应对大众化教育来临时对教师资源管理问题的深度思考。许多研究者还把组织结构、教育行政管理体制、学校财务与学校人力资源发展结合起来探究、思考美国高校教育管理。1997 年，联合国教科文组织通过了《关于高等教育教学人员地位的建议》，内容研究涉及教师岗位、教师职责和业绩考核等，进一步把加强师资队伍建设作为高等教育发展的一个重要方面。美国教育家德雷克·博克（Derek Bok）的《回归大学之道》提出了大学教师对提高大学教学质量的重要职责。国际 21 世纪教育委员会的重要报告《教育——财富蕴藏其中》提出："教师作为变革的因素，其作用的重要性从未像今日这样不容置疑，这一作用在 21 世纪将更具决定意义。"这些论述引发了国际社会对教师发展问题的广泛关注，对包括我国在内的世界高等教育的改革和发展产生了深远的影响。

第二节　高校教师的职业特点

高校是国家教育系统中的高等教育机构，在国家政治、经济、文化和社会进步中起着重要的作用。高校教师则是高校的主体，是高校在生存和发展的过程中依靠的重要力量。目前，各地高校都面临着教学、科研等责任，而这些责任主要是由教师来担负的。

一、高校教师职业劳动的特点

（一）劳动对象的多样性与能动性

高校教师职业劳动的最大特点是劳动对象——高校学生的多样性。由于先天素质、所处环境和所受教育存在着差异，虽然同班级学生的年龄和文化程度基本一样，但他们的智力发展水平、个性、气质、兴趣和特长却各不相同，而且处在不断变化之中。工农业生产劳动加工的对象是物，而教师塑造加工的对象是具有能动性的人，前者的加工对象被动地接受加工，后者塑造的人则能动地接受加工。所谓能动性，是指学生具有独立性、选择性、批判性和倾向性。教师对学生的施教影响只是外部条件，一切的影响要变成学生的东西，必须有一个能动的内化过程。这个内化过程还将不断地输出反馈信息，使教师受到激励，起到教学相长的作用。这些特点使高校教师的教育工作具有特殊的复杂性和艰巨性。

（二）劳动任务的全面性与示范性

高校教师劳动任务的全面性的含义十分广泛：其职业劳动的目标，是使全体学生德、智、体、美、劳全面发展；其职业劳动的内容既有文化科学知识的教育，又有思想品德的教育，既有理论知识的武装，又有实际操作能力的训练；其职业劳动时间没有限制，不论上课、下课、白天、晚上，随时都有教育的机会、教育的责任；其职业劳动的空间可以最大限度地延伸，无论是课内、课外、校内、校外，任何场所都可进行。米哈伊尔·伊万诺维奇·加里宁（Михаил Иванович Калинин）说过："学生处处模仿老师，所以说，教师的世界观，他的品行，他的生活，他对每一个现象的态度，都这样或那样地影响学生。"甚至学生终生志向的选择都会受到教师的影响。教师不仅要在知识与技能上培养学生，还要用自己的行为、品德、风貌去感染、熏陶学生。正是因为身教重于言教，教师职业劳动示范性的特点是很明显的。

（三）劳动过程的个体性与创造性

高校教师的职业劳动是以个别化的方式进行的。教师从事教育、教学工作，虽然也要进行集体研究，但研究之前的准备、研究之后的实施都是以个别化的方式进行的。教育、教学又是一种将一般原理与各种个别情况高度结合的工作，富有极大的创造性，如在教学内容、教学方法、教学形式等方面，教师都有很大的自主空间。教师的个性特点、价值取向、兴趣爱好都会影响其教学工作的各个方面。尽管教师的教育、教学工作有课程标准作指导，以教材为依据，但要搞好工作、提高质量，教师就必须首先将外在的教材内化为自己的东西，再从学生的实际出发，根据不同的教育情境，采用一定的方法，将自己掌握的东西转化为学生的东西。这一复杂过程不仅需要高度的艺术，而且需要教育机智和教育灵感。所谓教育机智，是指教师对来自学生的反应的敏感性和处理各种偶发事件的应变能力。这种教育机智来源于教师久经实践锻炼而获得的教育灵感。具备教育机智的教师在教育过程中不需多加思考便能有效抓住教育机会，正确处理经常性或偶发事件。

（四）劳动成果的集体性与长期性

高校教师职业劳动成果是指学生身心发展所达到的一定程度。成果的集体性是指学生的发展是校内外多种因素影响的结果。校外有家庭影响和社会环境影响，校内则是众多教师、班主任、党群组织和其他职工共同协作，通过多种途径对学生施加的教育影响，学生还会经常受到学生集体的影响，这些都是外在的影响。学生的发展，不是外在各种影响因素的简单相加，而是各种因素内化的综合反映。这是其他任何行业的劳动所不具备的特点。

学生远大理想的树立、道德纪律及行为习惯的养成、知识技能的掌握以及智力和能力的发展等，都是一个日积月累、长期培养训练的过程。教育的周期长，正所谓"十年树木，百年树人"。教育见效慢，其成效要经受实践的反复检验。高校教师所面对的学生多数都是毕业之后就要步入社会的成年人，他们在校学习的表现不能完全等同于今后的表现。例如，有些学生在校期间表现一般，可是走向社会之后却大有作为；有些学生在校期间成绩较好，步入社会之后却业绩平平。所以，很难根据一时的教学成绩去衡量教师的劳动效果的好与坏。教育不是一朝一夕的事情，而当教育的效果真正显现的时候，教师的劳动早就已经结束了。要想真正地去检验教师的工作效果，根据学生走向社会后的表现去衡量更加准确。可见，教育成果的长期性，既表现为教育的迟效性，又表现为教育的长效性。这里并不排除精神产品的反复性和某种程度的不确定性。

二、高校教师的职业技能特点

随着社会的发展，认为只要具备一定的文化知识就可以担任教师的观点已经落后了。教师，特别是高校教师作为一种专门的职业，是人类科技文化的继承者、传播者、发展者和创造者，必须具备多方面的知识技能才能胜任本职工作。宏观地说，高校教师的职业技能特点主要包括以下两个方面：

（一）全面的知识结构

教书育人是教师的天职，只有具备渊博的知识才能够胜任高校教师工作。

首先是基础知识。基础知识是教师专门化的根基，是在教学过程中能够传授给学生的复合知识。这些知识不仅体现在教科书上，涉及自然地理、社会历史、风俗习惯、社交礼仪、审美情趣、体育、音乐等，还涉及党和国家的方针政策、学校的工作方向、教育历史的发展、教学改革的方向等各个方面。

其次是专业知识。专业知识是从事教育教学工作的根本，高校教师专业知识水平的高低直接影响到教学质量的高低，也决定着教育水平的高低。正如曾任新加坡教育部长的陈庆炎先生所言："先进的教学设备不能直接制造出高素质的学生。高水平的学生是由高水平的教师带出来的。"

最后就是相关学科知识，特别是教育学、心理学知识。这些相关学科知识不仅可以使教师原有的专业知识得到延伸，还可以拓宽教师的知识范围，从而提高教师的从业能力。

（二）卓越的教育能力

卓越的教育能力是高校教师有效履行职责、对教育事业有所贡献的基本前提。

其一，较高的教学能力。教学是学校的主要任务，通过教师的教学工作来实现，较高的教学能力是每一位教师都应该具备的基本能力。

其二，良好的思想道德教育能力。现代社会对人才的需求不仅是科学知识方面的需求，更主要的是思想道德方面的需求。特别是高等教育迈入大众化阶段以后，我们欠缺的不是高校学生，而是有着较高思想道德素质的高校学生。

其三，科学的组织管理能力。学校就像一个小社会，学校工作的有序开展离不开教师的组织管理，而且教师组织管理能力的高低直接影响教学工作的效率。

其四，流畅的语言表达能力。教师的语言要简洁明了、清晰自然，还要有逻辑性。这种能力是教师开展教学工作的基本能力，同时又是开展科研工作的必备能力。

其五，较强的科研能力。教师的工作主要集中在总结和传授前人的经验方面，但是高校教师的职能不仅在于总结与传承，更在于不断地创新，推出科研成果。而且，教学和科研是相互促进的，科研水平的提高也有利于提高教师的教学水平和教学质量。

三、高校教师的职业心理特点

职业也有拟人化的心理和性格，不同的职业具有不同的性格特质。与长期从事高等教育工作有关，高校教师群体也普遍具有的职业心理倾向，从而构成其职业心理特点。这主要包括以下几点：

（一）望生成才

做父母的都有望子成龙、望女成凤的心理，希望自己的孩子长大以后有出息。同样，教师在工作中也有"望生成才"的心理，把"得天下英才而教育之"看作人生一大乐事，希望自己的学生成为国家栋梁。教师热爱学生的情感与对教育的认识融合在一起，是推动教师前进的一种巨大的心理动力。他们看到学生的进步，会感到莫大的安慰和满足。他们很重视学生对自己的评价，往往为此在情感上受到很大的触动。很多教师之所以能够安贫乐道地一辈子从事教师这个职业，有极大的耐心去战胜一切困难，付出艰辛的劳动而不轻言放弃，就是因为他们在工作中找到了乐趣，在培养人才的过程中找到了心理上的满足感。不过，也有一部分教师从个人好恶出发，只对少数学生偏爱，而不能热爱全体学生。

（二）追求新知

教师在教授知识之前必须有大量的知识储备，这是教学工作顺利开展的前提。所以很多教师都是知识渊博的，因为他们认识到了学习知识对工作的重要性。教师如果知识贫乏就只能照本宣科，没有新意，也就不可能把课讲好，更不可能在学生中有威信。这些都是教师深有体会的。"学然后知不足，教然后知困"，教师的职业需求塑造了他们追求新知的心理需求。

教育工作的复杂性也决定了教师劳动的艰辛性，在一拨又一拨的教育改革浪潮中，关于学生发展的各种教育理念不断更新，教师的成长压力也在各种培训、职称评定、科研成果等的规定约束中日益加重，教师个体的自我期望值往往过高。由于教师职业本身的社会地位不高，劳动薪酬与劳动价值不相符，所以相当一部分教师职业意识淡化，职业责任感不强，职业满足感不足，职业认同感趋于弱化，产生了职业倦怠感。

（三）善于思考

从事脑力劳动的人都要善于独立思考，高校教师尤其如此。写教案、做课件、备课、分析学生特点、写学术论文，都需要独立思考，这是教师这一职业的要求。很多教师对一些问题都有自己独到的见解，而且这些见解通常都有理论和现实依据。高校教师在这样的劳动过程中，逐步形成独特的习惯和品质，例如：思想活跃，政治上比较敏感；思维的独立性和批判性较强；不迷信，不盲从，对学校常常提出这样或那样的意见或建议；十分珍惜自己的独立劳动，不愿意别人随意干扰；不赞成对教育、教学工作按一个模式作要求，但是乐意学习别人的经验，获得别人的帮助；希望学用一致，能在复杂的劳动中发挥自己的专长，取得相应的成果；等等。但应注意的是，某些教师也有可能形成自视过高、患得患失、疑虑重重等心理特点和文人相轻、自由散漫的思想作风。

（四）高度自尊

教师职业劳动任务的全面性和示范性由教育性质、学校教育的任务和特点以及人民教师的职责要求所决定。在学生心中，教师几乎就是"完人"的化身，他们往往把教师当作楷模加以尊敬、模仿甚至崇拜。这种心理环境可能使教师形成强烈的自尊心和荣誉感。教师一方面渴求知识，勤奋学习，不甘落后；另一方面在言行上努力进行调节，逐步形成善于自我控制的能力和习惯。教师既希望得到学生的尊重，也希望得到领导的尊重，他们最忌讳别人当着学生的面贬低或诋毁自己，这是教师自尊的需要，也是教育工作的需要。教师渴望民主，希望参与学校的管理，对学校管理中官僚主义的做法强烈不满；渴望学术自由，希望在教学过程中自由地发表自己的意见。他们的这种对民主和自由的心理需求比社会上其他职业的从业者都要来得自觉而强烈。教师还尊重有知识、有能力的人，鄙视缺德少才而又自以为是的人。但教师若缺乏必要的思想修养，也易自视清高、自诩权威，形成虚荣、病态的自尊，脱离实际地要求别人看重自己，以致斤斤计较。

第三节　高校师资管理的目标
及存在的问题

高校教师是一个特殊的职业群体。高校的管理工作者要想达到一个令人满意的管理境界，使自己的管理行为符合教师这个特殊群体的内在要求，就要首先确定管理要达到的目标是什么，并以此为依据，不断发现有待解决的问题。在当前高校系统运行环境十分复杂的情况下，高校师资管理部门如何真正地去发现管理中存在的问题，并提出合理的解决办法，显得尤为重要。

一、高校师资管理的目标

高校师资管理目标是一个包括总目标和在总目标指导之下的子目标的完整目标体系。

（一）高校师资管理总目标

高校师资管理本质上是高校教师人力资源重新有效开发和综合利用的过程。在师资管理过程中，高校应该适应社会环境的发展变化，改善必要的办学条件，通过建立与完善竞争、激励、自我约束、自我发展的有效运行机制，激发教师个体发挥最大潜能，组织教师开展群体活动，尽可能地发挥教师的积极性、主动性和创造性，实现教师生活与健康水平的提高、素质与能力的持续提升，以及人际关系和人格系统的改善等，以达到管理的最佳效益。由此，建设一支思想政治素质良好、业务素质过硬、创新能力强、层次结构合理稳定、数量适当、质量优良的师资队伍，充分发挥广大教师的聪明才智和创造活力，为社会培养高素质的劳动者和技术人才，保证学校达成可持续发展的师资管理的总目标。

（二）高校师资管理子目标

1.师德目标

高尚师德是教师安身立命之本，师德建设是高校师资队伍建设的首要目标。高校师资管理师德目标的具体要求包括树立远大职业理想、明确职业责任、端正职业态度、遵循师德规范等。

2.知识目标

高校师资管理知识目标的基本要求为：①专博结合，文理交融，掌握专业知识，提升专业品质，深扎专业根底；②掌握人文社科知识，懂得历史，学会思辨，学会审美，学会做人；③掌握科学知识，培养科学品质，弘扬科学精神；④掌握教育科学知识，树立正确的教育观、教学观和方法观。

3.能力目标

高校师资管理能力目标的基本要求有：①教学能力，主要包括讲授能力、课程设计能力、教案设计能力、各个教学环节的掌控能力、专业理论应用能力、运用启发式教学方法的能力及运用现代教学手段的能力等；②专业实践能力，主要包括技术应用能力、工艺设计能力、工艺开发创新能力、实践操作示范及指导能力等；③科研教研能力，主要包括课题研究能力、学术论文撰写能力、学术报告能力、运用科研或教研成果反哺教学的能力等。

4.结构目标

高校师资管理结构目标的基本要求有高校教师队伍的学历层次、学缘结构合理，职称结构均衡，年龄和学术梯次结构适当等。

二、高校师资管理中存在的问题

以高校师资管理的目标要求来考量，目前高校师资管理工作存在着以下不容忽视、亟待解决的问题：

（一）管理制度——形式化倾向严重

毫无疑问，制度建设是科学管理的重要依托，这对包括高校师资管理在内的任何组织化管理来说都不例外。但是，在管理实践中，并非所有的所谓"制度化"行为与追求都是合理并且有效的，问题的关键在于管理是如何被"制度化"的。以此考量高校师资管理制度，其为了制度化而制度化的形式主义倾向与实际存在的制度缺位同时并存。就前者而言，主要表现为高校师资管理制度的形式化与烦琐性。高校师资管理的制度建设大多涉及教师的聘任、任用、培训、考核与评价、晋升等各个方面，其中每一个方面又被分解为若干个小的层面，每个小的层面又制定有细化的项目管理条例。这种管理制度从形式上显得细致、规范，但却流于"见事不见人"，在实行制度的时候，号称是"对事不对人"，看似公平合理，实际上对复杂的富于创造性的高校教学与科研工作及追求自由、个性与独立精神而言是一种束缚。就后者而言，高校师资管理实践中存在形式性制度空白，这些空白是由没有制定成相应的文本形式的管理规范形成的。例如，在教师的绩效评价指标体系中，对教师课堂教学及其效果没有设定符合实际的科学衡量指标，以致留有在教学质量考核方面的大量形式性制度空白。高校师资管理实践中也存在着虽然制定了某些特定的管理制度，但是这些制度在实际的管理工作中却并不被尊重和严格执行的情况，致使这些制度部分或全部功能丧失，出现实质性制度空白。这种情况的产生，主要的根源在于部分高校的领导和师资管理部门缺乏依法治校的自觉意识，有法不依、有章不循，而以领导的个人意志为圭臬。

（二）激励机制——经济化手段单一

首先应该强调的是，高校教师在众多群体中是一个庞大的、层次较高的知识分子群体，从事着社会上复杂、高级的脑力劳动。他们不仅应当因其劳动性质的高层次而备受社会尊敬，也应当因其工资收入的高层次而被世人羡慕。也就是说教师的利益应有所保证，如果教师的利益得不到应有的保证，则势必会适得其反。也正因如此，在高校师资管理工作中，经济手段作为一种重要的激励措施非常必要，但是要注意经济激励手段合理与适度的运用。部分高校过度依赖经济激励手段，主要表现为以高薪引进高学历、高职称、高水平人才，把课时、超工作量、科研成果与工资、福利、奖金挂钩，设置高额经济补偿，以稳定骨干教师队伍，防止人才外流。事实证明，这种单一的经济激励机制并不一定会获得理想的激励效果，因为其所依据的标准并不能准确反映人才的"名"（学历、职称、水平）与"实"（在实际工作中所发挥的作用）、教学工作的"量"（课时数量、任课门数等）与"质"（教书育人的实际效果）、科研成果的"级"（论文著作的篇数、出版社和期刊的级别）与"新"（创新含量）的实际，从而导致一部分教师在职业生涯发展中急功近利，片面追求高学历、高职称，重"名"轻"实"，在教学工作中重"量"轻"质"，在科研工作中重"级"轻"新"，加剧了学术失范现象。再者，从管理学激励原理考量，单一的经济刺激并不具有持久的激发效力，容易流于形式。同时，经济刺激的差距过于悬殊也会导致教师队伍整体激励效应的减弱。更何况高校教师是知识、文化与道德的传承者，他们的需要是多方面的、复杂的，除了基本的经济需求，他们的能力、品格、尊严等更需要得到肯定与尊重。

（三）管理主体——专业化程度偏低

高校师资管理工作的人员有专职性的特点。就目前全国高校的师资管理工作的现状来看，绝大多数的高校都设有专门的人事部门来管理自己的师资，这和中小学主要由校领导兼任的情况大不相同。这种专职性的管理对合理地利用和开发师资有着重要的意义。但是，从管理主体专职性的要求衡量，目前高校师资管理队伍的构成并不尽如人意，相当一部分管理人员尽管自身素质和学历层次较高，但多来自不同的专业和学科，没有经过必要的管理学方面的学习和培训，有的甚至根本就不懂得人力资源管理的基本理论，以至于他们在参与和实施师资管理过程中只能按照上级命令或是惯例来处理问题，忙于程式化的事务性工作，难以在工作中有所突破和创新。还有一部分管理人员缺乏服务意识，受行政化管理体制的影响而形成"衙门"作风，对广大教师教书育人、科学研究的辛苦缺乏理解。又由于高校师资管理工作繁重而琐细，管理人员难以在工作中取得突出的被广泛认可的工作成绩，甚至很多时候虽然辛苦，却因为缺少理解与沟通而成为教师发泄不满的对象。面对这样的工作环境和压力，相当一部分高校师资管理人员人心浮动而转岗，从而影响高校师资管理工作的连续性，这也是困扰很多师资管理人员的难题所在。

（四）管理客体——人本化缺失凸显

随着科技和教育的迅猛发展，人的作用日益凸显。相应地，管理工作逐渐从以物为本转向了以人为本。管理的关键在于参与，管理者不能把教师看作管理的对象，而应该把他们看成管理的主人,最大限度地发挥他们的主人翁积极性。良好的民主气氛,可以促进学校各级领导与教师之间的相互了解,减少矛盾,促进关系和谐,克服冷漠、猜疑、嫉妒、不合作的消极情绪,从而形成一种和谐、稳定、平衡的心理状态,上下一致、齐心协力地搞好学校的各项工作。但是,当前我国部分高校的管理基本上仍然处在传统行政性、事务性劳动人事管理阶段,更加注重静态的管理和控制,把教师视为一种工具,关注的是成本、使用和控制,过分关注短期的经济效益,使部分教师的专业发展很难做细、做精。部分高校的管理权过于集中,管理者只强调了教师所需承担的责任和义务,而忽视了他们应当享有的相应权利,教师参与学校管理的权利被不同程度地剥夺。部分管理者并没有真正把教师作为能动的、可实现创新的资源,部分管理制度缺乏人性和科学性的基础。

第四节　完善高校师资管理的思路与措施

高校师资管理既是对教学科研工作的管理,也是对人力资源的管理。从教师在学校发展中的重要地位出发,师资管理工作必须立足于学校整体的发展战略,充分考虑教师的切身利益要求和师资队伍建设的规律性,完善相应的思路与措施。

一、完善高校师资管理的思路

(一)教师选拔聘用机制

第一,要做到高校教师的来源多元化,打破学术上的"近亲繁殖",不断弥补在教师来源方面存在的不足,使教师队伍的专业结构更加科学合理,为不断提高学校的学术水平提供人才保证。

第二,要明确分工。我国很多高校在行使招聘权的过程中,人事部门和专业院(系)分工不够明确。为了使教师的招聘工作更加科学合理,必须考虑专业院系对教师的实际需要,建立起二者分工协作的机制,明确各自的职责。学校的人事管理部门负责根据学校需要制订教师的招聘计划并向社会公布,在收集好相应的人员资料后组织各院系对应聘人员进行测试,并综合院系的意见,对测试合格人员进行筛选。

第三,制订详尽的招聘计划。招聘教师工作展开之前,首先要明确的是学校现状和未来几年发展的趋势,也要对现有教师队伍的专业方向、学历结构、年龄结构、职称结构等问题进行深入研究,做到心中有数。然后,根据学校专业紧缺程度、师资队伍建设的需要制订周密的招聘计划,使招聘工作有目的、有计划地进行,避免盲目性,特别是避免单纯追求"学历""资历"和"名气"的招聘行为。

第四,建立科学的招聘考核制度。求职者的素质有很大的差异,如果不进行严格的考核,则很难在短时间内筛选出适合学校需要的教师。为了更加准确地选拔和录用高质量的教师,严格的考核制度和科学的考核流程是必不可少的。为此要做到:考核步骤完整,应聘者一般要经过三个步骤的考核,即面试、试讲和核对简历的真实性;考核内容全面,不仅要了解应聘者的学历、资历、知识结构的硬件因素,还要对应聘者的个人素质、价值观念、合作能力等软件因素进行考核;考核标准层次分明,根据对教师水平要求的不同可以制定不同的招聘标准。例如:招聘骨干教师和学术带头人时,就应该对应聘者的科研能力、学术水平、组织能力有较高的要求;招聘一般层次的教师时,就要侧重考核他们的教学能力、知识结构、研究能力等。这样的分类考核可以确保高校更准确、更快捷地录用到自己需要的合格教师。

(二)教师职称评聘机制

职称不仅是待遇的标志,而且是社会对知识分子的学术水平和业务能力的一种评价标准。虽然政府部门对全国的高校教师从数量、层次、地区分布等宏观的角度进行控制,但是各地高校在职称评聘的具体工作中还是有一定的自主权的。如何利用好这种权利,使教师的职称评聘工作顺利开展,成为高校人事管理工作者共同关心的问题。但是由于部分高校相关机制不够健全,职称评聘方法存在一些欠缺,妨碍了评聘工作的公平性、科学性和合理性。为了避免职称评聘中问题的出现,应该做到以下几点:

1.转变思想,提高认识

在职称评聘的过程中长期以来形成了许多错误认识,如"评了就要聘,聘了就要一聘到底""评职称就是熬年头""为拿职称拼一拼,拿了职称歇一歇"等。这些错误认识,违背了教师岗位聘任制的初衷,所以实行真正意义上的评聘分开,强化岗位意识和岗位责任是十分必要的。高校要引进竞争机制，充分发挥职称的激励作用，增强专业技术人员的责任感与危机感，努力建立一个职称能上能下、能进能出、优胜劣汰的机制，充分发挥教师的积极性，使优秀人才能够脱颖而出。

2.完善职称评聘工作的具体环节

首先，按需设岗。教师专业技术职务聘任管理工作的重点就是要科学合理地设置岗位，这也是开发和合理利用人力资源的一项基本原则。各高校应该根据自身学科设置和未来发展走向，科学设置教师岗位，并应该遵循精简高效的原则。

其次，合理确定岗位目标。对已经聘任的教师，高校要制定相应的目标要求，合理分配工作任务。教师不能一旦被聘任就认为万事大吉，可以"颐养天年"了。

再次，建立竞争上岗制度。要打破"铁饭碗"，就要实行动态聘任上岗的机制，在制度上终结聘任的终身制。高校要真正建立起职称能上能下、工资能高能低、充满生机和活力的教师聘任制度，并完善公开机制，促进职称评聘工作透明化。职称评聘工作关系到每一位教师的切身利益，也是广大教师关注的热点。教师对职称评聘的高度关注，要求职称评聘制度必须科学化、规范化、公开化。高校要克服行政干预，防止学术腐败，坚持标准和条件，严格按程序进行评审。笔者在调查问卷中提到关于教师应该享有的权利问题，很多教师都提到了知情权的问题，即在评审工作开展之前应该公开评审的办法、评审的条件，在评审过程中要公开申报人的情况，让每一位教师都对评审工作有充分的了解。

最后，公开评审结果。目前，为了达到评审要求，一些教师学术造假的现象偶尔出现，极大地损害了高校在社会中的声誉。为了避免类似现象的再次发生，就要在学校内部建立完善的惩处机制，杜绝学术腐败，构建公平的评审环境。

（三）教师考核评价机制

为了客观评价教师的工作，强化激励机制，需要建立一种评价机制，即依据一定的价值尺度，客观公正地衡量、测评教师的工作或个人素质，在管理中这种评价的主要手段就是考核。解决高校教师考核中面临的问题有以下举措：

1.明确考核目标

考核是高校师资管理工作的一个方面，考核结果可以反映教师工作的现状。但是高校不能为了考核而考核，应改变目前考核工作流于形式的现状。高校要在考核工作开展前设定好考核的目标,如要把考核的结果和对教师的奖惩、工作的安排、职务的晋升联系在一起;使考核内容反映教师的工作内容;认真研究教师工作的全过程,根据教师的生理、心理、智力、兴趣方面的特点,抓住反映教师工作主要内容的方面进行考核;在制定考核指标的过程中,要遵循简单易行的原则,避免面面俱到、过于细致。

2.确定统一标准

教师考核的标准要根据教师在教学、科研和社会服务过程中所从事工作的难度和水平来制定。高校应该按照同一标准来考核同一水平和层次的教师,杜绝主观因素的影响,避免随意变更和调整考核的标准。

3.确保程序公正

承担考核任务的组织和人员必须坚持公开公平的原则,增加考核过程的透明度,使参加考核的教师了解考核的标准和内容,并可以对考核过程进行全程监督。即使是在考核工作结束以后,也要允许教师有申诉的权力。如果申诉内容属实,则经专家和管理部门审核批准可以修改考核结果,要坚决避免弄虚作假现象的出现。在考核结束以后,高校要尽快向教师公布考核结果,让教师更加清楚地看到自己的优势和弱势,进一步改进工作,同时也要兑现承诺的内容以激励考核结果优秀的教师。如果在考核结束后承诺教师的激励方式不能兑现,则违背了考核的原则和初衷,最终会极大地挫伤教师的积极性。

(四)教师培训提高机制

现代科学技术的迅猛发展使得知识的陈旧周期不断缩短,知识的陈旧率不断提高,因此要把教育拓展为成人教育和终身教育。特别是教师要想在当今社会有所作为、有所创造,就要不断学习,不断提高自己的业务水平。高校要站在科学技术的前沿,多出人才,多出成果,必须把培养教师作为一项长期性任务来完成。在调查中大多数教师都认为,学校对教师在人员培训方面投入的力度不够。为解决在培训中出现的问题,应该做好以下几个方面的工作:

1.培训方式多样化

首先,对青年教师进行基础培训。刚刚毕业的年轻教师在工作岗位确定以后要调整自己的知识结构,学校要对他们进行基本功的训练,同时要求他们参加辅导、答疑、批改作业、指导实践等教学环节,培养他们严格要求、严谨刻苦的学风。经过一段时间的教学实践后，学校要鼓励他们根据工作需要进修相关课程，攻读硕士或是博士学位，提高知识水平和业务水平，还要采取一定的优惠措施，使他们回校后可以安心工作。

其次，对具有中级职称的教师进行深化培训。高校要放手让教师承担科研任务，发挥其主动性和创造性，让其在实践中增长才干，同时还要尽可能地创造条件让他们参加研讨班、学术会议和进修班，让他们获取学科发展的最新信息。一系列的培训可以使具有中级职称的教师在专业知识、基础理论、教学水平、科研能力等方面都得到进一步的发展，让他们迅速成为学校发展的中坚力量。

最后，对高级职务教师进行创新培训。高校要对这一层次的教师加大科研的难度，让这些教师承担一些难度较大和新开课程的教学任务，同时也要创造条件鼓励他们了解科学前沿动态，提升科研能力，增加他们与知名学者进行学术交流的机会。人员培训要破除平均主义的做法，重点培养学科骨干。这意味着高校要把科研能力强、工作业绩突出、学术水平高的教师培养成某个学科领域的带头人，再通过这些优秀教师带动其他普通教师，达到共同提高的目的。

2.大力培养年轻教师

高校的发展需要越来越多的年轻教师加入到教师的队伍中来，如何挖掘年轻教师的潜力，调动年轻教师的积极性是很多高校管理者都十分关注的问题。要培养骨干教师的接班人，就必须充分了解思想品德好、学术水平高、治学态度严谨、工作成绩突出的年轻教师的实际情况，给这些年轻教师更多参加培训的机会，把他们作为学科带头人和接班人来培养。

3.注重师德师风建设

首先，教师是人类灵魂的工程师。合格的高校教师不但要有科学的世界观、人生观和价值观，还要有敬业精神及良好的师德师风，所以在对教师进行培养的过程中，职业道德的培养不可忽视。对于新上岗的教师，高校要举行一定时间的师德师风培训，同时还要设立导师制，把师德师风教育同教师的业务培养相结合。

其次，高校要建立和健全师德师风培养制度，制定师德师风建设工作条例、实施细则、文明规范等。

最后，高校还要对师德师风优秀者进行表彰和奖励，对违反相关规定者进行批评和教育，鼓励教师自律，提高教师的师德师风水平。

4.确保培训经费投入

经费是高校教师培训工作的物质基础。发达国家高校教师培训经费的来源呈现出多元化特征，除了政府拨款、学校投入，还有一些全国性的基金会组织会为教师的进修培训提供资助，确保培训工作的有效开展。我国在高校教师经费的投入上虽然保持了一定力度，但经费投入相对不足仍然是制约高校教师培训的主要因素。我国的各级高校教师培训工作经费主要来自上级行政拨款和学校的经费预算，难以满足教师的需求。各级教育行政部门和学校主管部门要设立高校教师培训专项经费；高校要立足本校实际，确定教师培训经费投入比例；按照效益共享、责任共担的原则，教师个人也可承担部分培训费用。除此以外，高校还要积极争取吸纳社会、企事业单位和海外侨胞的专项捐赠，设立教师培训基金，以满足教师参加培训的实际需要，鼓励和支持教师参加继续教育。

二、完善高校师资管理的措施

（一）管理理念人为本、尚和谐

我国高校师资队伍所应构建的新管理模式就是突出教师的主体地位，强调教师个性化发展，分析、理解教师心理，尊重教师的人格和工作，激发教师的成就感，让教师在受尊重、被理解的环境中不断地发挥潜力。树立并落实"以教师为本"的管理理念，应从以下几个方面着手：

1.以教师为中心，确立教师在学校各项工作中的主体地位

以人为本的管理理念要求管理者充分尊重人格，尊重人的个性发展，尊重人的需求，尊重人对全面发展的客观要求。在高校教师人力资源管理中"以教师为本"就是要确立教师在学校各项工作中的主体地位，尊重教师的各项权益，保证教师在学校各项工作中的知情权、参与权、建议权，打破严格的等级制度，营造一种民主、和谐、平等的组织管理氛围。

2.以尊重教师的发展为本，把促进教师的全面发展作为人力资源管理的核心

管理者必须深刻认识到，教师的发展和学生的发展是紧密联系在一起的，要培养出大量的适应社会需要的合格人才，教师必须得到不断的发展。没有教师的个人成长、职业发展和热情投入，就不可能有学校的长久、稳定、持续、快速的发展。因此，高校人力资源管理者应把尊重教师的发展放在首位，统筹规划教师的职业生涯，为教师提供良

好的工作环境,建立有利于教师发展的各项机制,有计划地实施教师培训,促进教师间、学校间的学术交流,在吸引更多、更好的人才的同时确保在校教师的全面发展。

3.要切实尊重教师的个人专业发展目标

学校、院系在制订学科发展、专业设置计划与教学科研计划的时候,应尽可能地考虑教师的专业特长与研究领域,把学校的总体、长远规划与教师个人的专业发展结合起来,把教师个人的专业发展目标纳入学校发展的目标体系,使教师的努力能够兼顾学校目标和自我实现目标。

(二)管理制度求科学、容个性

传统的师资管理十分重视制度建设,力图通过规范的、逻辑的、程序性的甚至数量化的制度管理师资,但问题是"现实和完整的人都是理性和非理性、肉体和灵魂、理智与情感的统一体",人除了理性,还有无意识、直觉、欲望等大量感性成分的存在。因此,真正以人为本的师资管理是既关注人的理性又关注人的非理性,既强调制度建设又注意人文关怀的管理。这就要求高校师资管理制度既讲求科学,又容纳个性。

(三)激励机制顾整体、兼义利

需要产生动机,动机产生行为,需要是积极性的动力源泉。及时、准确地把握高校教师的个人需要并对其合理需要加以正确引导,在必要的时候甚至自觉地根据学校的发展目标为教师创造某种需要,使他们产生指向工作目标的动机、动力和工作积极性,才能达到学校和教师两方面需要目标的共同满足,达到学校发展和教师成长之间的有机统一。对高校教师实行管理激励,要注意做到以下几点:

1.精神激励与物质激励结合

精神激励主要是指满足人的尊重、成就、自我实现等高层次需要的激励方式,在管理激励中居于主导地位,作用也更为深远和持久。但人们毕竟时刻都要面对衣、食、住、行等满足起码生存条件的物质需要,所以精神激励必须有物质激励的支持和补充。最有效的管理激励,应该是把二者结合起来,使物质激励凸显出精神价值,使精神激励获得物质支撑。

2.内在动力和外界压力共用

高校教师的工作积极性、创造性有内在动力和外界压力两大来源。内在动力的产生,靠的是人的精神力量，来源于正确的人生观和世界观。教师正确认识本职工作的价值，个人的能力就能够得到充分发挥并获得成就感，工作本身就会变成精神享受，成为激励自身奋力拼搏的力量。同时，高校教师有着强烈的自尊需要，好胜心强，不甘落后，管理者结合实际的教师水平和学校办学条件，给教师设置适当的目标，施加一定的压力，也会使教师的工作变得富有挑战性，从而增强教师的成就感和自我实现感。

3.激励个体与培育团队并重

在高校师资管理实践中，管理者要调整"只抓带头人，不抓队伍"的管理思想。一个优秀的学术队伍应该是阶梯式的，既有决定学科发展方向和发展水平的学科带头人，又有学科建设的中坚力量——学术骨干教师，还有学科建设的未来——优秀的青年教师。因此，要实现学科的长远发展，就必须既重视学科带头人的发展空间，又注重中青年骨干教师的培养和选拔，这样才能有利于新老交替和"传、帮、带"，从而解决高校师资队伍年龄结构的断层问题。同时，在人才使用方面，管理者应注意既要"用人"也要"育人"。在知识更新日新月异的时代，高校教师肩负着培养高级专门人才的重任，管理者要促使他们继续学习、持续性发展，从而提高师资队伍的学历层次，优化师资队伍的学历结构。

（四）管理主体重服务、强素质

高校师资管理部门既是学校的领导机构又是服务机构，很多学校教师和管理部门存在隔阂的原因很大程度上就在于管理部门的工作人员"高高在上"，用行政命令的方式来处理问题。这样的方式显然不适合现代的管理理念。特别是在高校教师面前，越是强制性的命令，作用可能越微弱。要想使高校的师资管理工作顺畅进行，就不能用急躁粗暴的方式。高校师资管理部门应该增强服务意识，将"管理就是服务"的思想切实贯彻到师资管理的工作中去，用平等的观念来与教师交流和沟通，尽可能地使教师在科研和教学方面的需求得到满足，同教师形成和谐的人际关系，提高管理效能。高校要强化管理者专业知识和科学文化知识水平的建设，提高管理者科学管理的水平和能力（包括：转化能力，即善于将创意转化为具体的工作方案、探讨新的管理措施和最佳服务途径的能力；应变能力，即在动态管理中审时度势，产生有效应的创意和策略的能力；协调能力，即积极寻求办法去解决困难和化解矛盾的能力；等等）。高校师资管理工作中体现"服务为本"管理理念的根本途径是提高师资管理者的素质。

第三章　高校课程管理

第一节　高校课程概述

课程是教学活动开展的依据，教学过程就是按照课程计划，通过师生的双边活动和互动，实现课程各项教学目标的过程。高校课程及其教学工作是高校实现教育目的和培养目标的重要基础。

一、课程的基本概念

课程概念随着人类社会教育的产生而产生。在教育领域中，人们广泛地使用课程这一术语，并且有许多不同的理解，可以说是"众说纷纭，莫衷一是"。关于课程的定义，至今有百余种。

所谓课程，是指课业（学业范围或教学内容范围）及其进程的总和，即为实现教育目标而选择的教育内容和进程的总和。它是由一定的育人目标、基本科技文化成果以及教学活动方式组成的，以指导育人计划，引导学生认知、掌握某种技艺并提高能力和素质的一种规定。

课程是一个发展的概念，其内涵和外延会随着社会的进步和教育的发展而变化。由于教育观念、主张的不同，对于"课程"的诠释也有多种。一般来说，对"课程"的理解有狭义和广义两种。狭义的课程常指被列入教学计划的各门学科，及其在教学计划中的地位和开设进程的总和。随着社会的发展，那种把课程理解为以学科为中心的认识受到了挑战，课程不再被看作简单的单向传递过程，而是双向交流、互动的过程。现代教育要求课程突破以课堂、教师和教材为中心的界限，使教育活动挣脱以学科、智育为转移的唯理性模式的束缚，在更广阔的范围内选择教学内容，更有效地确定教学策略和教学进程。这是用系统、科学、全面的眼光来看待的课程。

因此，广义的课程是指学校有计划地引导学生获得预期的学习成果而付出的一切努力。显然，与狭义的课程相比，广义的课程既包括教学计划（培养方案）内的，也包括教学计划外的；既指课堂内的，也指课堂外的；既有显性的，也含隐性的；既有理论性的，又有实践性的。总之，广义的课程观把课程与学生的全面发展联系了起来。现代课程应包括学生成才所必需的认知经验、道德经验、审美经验和健身健心经验等要素。

课程既然是教学内容（课业）及其进程的总和，那么高等教育的课程不仅包括理论教学的内容，而且包括校内外实践教学活动。所以，高等教育的课程是其教学计划、课程标准以及教材所规定的全部教学内容和全部教学活动的总和。

二、课程分类

高等教育的课程，可以从不同的视角来分类，并具有多种多样的类型。

（一）以哲学观为标准分类

以哲学观为标准，可以把课程分为学科中心课程、学生中心课程、社会中心课程。

学科中心课程是以文化遗产和系统的科学知识为基础建立起来的各门学科的最传统的课程形态的总称。各门学科都具有自己的逻辑和系统，是独立、并列地编成并根据不同学科的相关性排列组合，按一定顺序开设的。学科中心课程的最大优点是它的系统性、逻辑性和简约性，可以高效地传授系统的科学文化知识，有利于学生系统学习、巩固和掌握这些知识；缺点在于它是人为的"分科"，缺乏内在整合性，在某些方面忽略了知识的联系性，从而割裂了学生的理解力或领悟力，容易脱离学生的兴趣和生活实际。目前，学科中心课程仍然是世界各国高等教育广泛采用的一种课程类型。

学科中心课程的一个主要问题，是对学生本体关注不够，忽视学生的个性发展。学生中心课程则相反，它有利于学生个性的发展。它从学生的兴趣、需要出发，以学生现实智能为基础组织课程教学，便于调动学生的积极性，使学生的个性得以较全面的发展。这类课程的实施，以组织活动较多，以经验积累为主。因此，这类课程又称为活动课程或经验课程，其缺点是容易忽视理性知识的系统性，偏向实用主义。

社会中心课程主要强调课程的社会功能，对人的发展与知识的传授，均以适应或改造社会为准则，带有明显的工具主义倾向。例如，艺工融合高校课程应体现培养目标和人才培养模式的特色，亦即体现鲜明的职业导向性，做到有机结合。在专业基础课程上，一方面要保证基础理论适度，另一方面要加强技能训练。而专业课程更要偏重行业能力的训练，多借鉴活动课程的形式。

（二）以是否列入教学计划为标准分类

从是否列入教学计划的角度，课程可区分为正式课程（或称显性课程）和非正式课程（或称潜在课程、隐性课程）。前者为正式列入教学计划的课程；后者是渗透在正式课程，以及学校制度、校园文化、师生交流和校外实践活动中，对学生起潜移默化作用的"课程"，在道德、行为、价值观、情感、态度等方面给学生以潜在的教育和影响。

（三）其他分类

从课程对某一专业的相关性和适用度来看，又可区分为必修课程、限选课程和任选课程。

根据课程是以传授科技知识为主还是以训练技能、技艺为主，还可把课程区分为理论型课程和实践型（或称实训型）课程。

根据课程规模大小，也可将课程划分为大、中、小和微型课程。

根据课程在教学计划中的地位和作用，还常将课程区分为核心课程、主干课程和一般课程。

按照课程开设的时间关系（内容衔接关系），又可区分为先行课程和后续课程。

三、课程的结构要素

对于高校教育课程而言，需要研究以下五个方面：确定课程目标、选择课程内容、组织课程内容体系、课程实施和课程评价。这些可看作课程的主要结构要素。

（一）确定课程目标

课程目标是课程的预期学习结果，包括学完课程之后，学生要获得的知识、智能、技艺、态度、情感等。课程目标应是专业教育目标的重要组成部分，由专业教育目标细化而来。在确定目标时，需要考虑的方面包括：学生的现有素质，行业、职业及岗位的需求，课程专家和学科专家的建议，国家、地方的教育方针政策，以及学校所具备的开课条件等。确定目标之后，就要对其进行尽可能详细而明确的描述。

（二）选择课程内容

选择课程内容即根据课程目标，选择能达到这些目标所需的知识、通用能力和职业能力等内容。这就要求做好职业分析。职业分析是课程内容选择的基本方法，是对某一职业进行深入的调查研究。职业分析的目的是弄清所要求的技术知识、操作程序和操作技能、工作态度和情感等，编成任务目录，并在此基础上，选择课程内容，选择或编写教材，选择实验、实训或实习活动。

（三）组织课程内容体系

课程内容体系结构主要包括课程内容本身的逻辑结构、活动的自然顺序、心理学顺序、学生的学习背景与需要等。目前，课程内容的组织主要来自应用学科的逻辑结构，还应当关注职业、行业活动的自然顺序。

（四）课程实施

课程实施即将选择并组织好的课程内容付诸教学实践。课程的实施，不仅要求教师注重新的教学方法与教学手段的运用，搞好教学设计，讲究教学策略和教学艺术，而且对各种设施和实训条件提出了较高的要求。

（五）课程评价

课程评价即对所实施课程的过程和结果进行评价，以确定课程实现其目标的程度，同时可提供反馈信息，为课程的进一步改进找到依据。评价可分为内部评价和外部评价。内部评价是指学校对课程开发、制定过程、实施过程、课程目标达标度、课程体系的完整性进行评价，外部评价是指由校外机构根据学校所培养出来的人才规格水平作出评价。评价机构可以是政府教育行政部门、社会用人单位或中介机构。

第二节　课程建设的实施

一、课程建设方法

（一）加强课程建设的组织领导

学校教学工作委员会是课程建设工作的领导机构,要切实加强对课程建设工作的领导、组织和监督。学校教务处是课程建设工作的具体工作机构,对全校课程建设工作进行总体规划,制定相关制度,明确课程建设评估指标及标准,进行宏观管理、监督、检查和验收等。系（部）要成立课程建设小组,对本系（部）承担的课程建设做好计划,确定重点,组织实施。

（二）制定课程建设规划

高校应根据自身的专业定位与特色制定课程建设规划,开展课程建设工作。高校还要按照人才培养目标要求,制订课程改革与建设方案,通过课程建设,带动其他工作,从而提高学校整体教学工作水平。

（三）树立整体课程建设观

高校要树立整体课程建设观,对各项课程建设工作进行有机整合与整体推进,优化综合建设效果。这要求高校充分考虑前后课程的衔接,实行专业课程结构体系改革,在课程内容与教学方法结合上符合人才培养模式的要求,深化理论教学改革,加强实践教学,重视对学生专业素质和能力的培养,形成特色。

（四）一般建设与重点建设相结合

在课程建设中,高校要采取一般建设与重点建设相结合的方针。高校要在科学规划的基础上全面开展课程建设,同时还应根据学校的专业建设特色,有计划、有重点地加大对重点课程建设的支持力度,力争建设好一批重点课程和精品课程,以此推动学校课程建设的特色化、科学化和现代化。

（五）实行分级分类建设与管理

为了调动各级办学组织的积极性，课程建设可以采取分级分类建设与管理的办法。国家级、省级、校级重点课程及国家级精品课程以学校为主负责建设和管理，一般性课程以院（系）为主负责建设和管理，文化基础类课程（包括实验课程）以学校为主组织建设，专业课程与专业实践课程以院（系）为主组织建设，形成分级分类建设与管理的体系。

（六）校企合作共同建设

应用型高校培养的是生产、建设、管理和服务一线的高等技术应用型人才，显然，用人单位最清楚生产一线对人员的知识、能力和素质的具体要求。因此，加强校企合作，请企业工程师、技术员、管理者参与高校课程建设，会使课程建设的内容等方面更贴近生产实际，更具有针对性，从而使学生的知识、能力和素质更符合企业的需要。

（七）建立课程建设激励机制

学校定期进行课程建设情况的检查、评估和等级认定，并对课程建设成效突出的单位和课程组成员给予一定的奖励，对课程建设成效差的，给予相应的惩处。

二、课程建设改革与创新

课程建设改革与创新是高校课程建设长期而艰巨的任务，也是提升高校课程建设质量的重要内容，需要进行认真的探索。

（一）树立能力本位的课程建设观

随着我国经济转型升级的不断推进，地方经济和行业发展对应用型、复合型、技能型人才的需求大幅增加，这要求高校注重培养高素质专业型或者复合型人才。所以，课程建设应树立能力本位的课程建设观，以适应社会需要为目标、以培养综合应用能力为主线设计学生的知识、能力、素质结构和培养方案，以市场需求为导向、以职业岗位（群）为依据确定课程建设内容，培养适应市场需求、受企业欢迎的高素质人才。

（二）进行课程整合

对现有的高校课程进行整合，既是科学技术发展到一定阶段的客观需要，也是高等教育自身发展的客观规律。科技发展及各学科相互之间的交叉与复合，职业与职业之间的相互渗透与融合，迫切需要对高等教育的课程进行整合。从高等教育的现实情况出发，高校课程的整合重点应放在专业基础课程和专业课程上。专业基础课程的整合，主要围绕能够"支持相近的多个专业的专业课程"这个特定的教学目标要求展开，通常整合后的专业基础课程所涉及的"面"比较宽；专业课程的整合，主要围绕能够"承担该专业的主要工作任务"这个特定的教学目标要求展开，通常整合后的专业课程所涉及的"点"比较深。

在课程整合的过程中，应把握以下基本原则：围绕特定的教学目标要求，去掉重复的部分，合并类似的部分，删减烦琐的部分，抛弃过时的部分，保留个性的部分，增加先进的部分。

（三）加强精品课程建设

精品课程是高质量的示范性课程，是高校课程建设的"排头兵"。开展精品课程建设有利于促进课程建设在内容、方法和手段等方面进行全面改革与创新，对于推动高校课程建设整体质量的提高有重要意义。加强精品课程建设应注意处理好传统与特色、规范与创新、内容与方法、基础与专业、教学与科研、点与面的关系，把握好授课、讨论、作业、辅导、实践、考试和教材等关键要素，以精品课程教学改革为突破口，构建课程教学内容体系，将精品课程建设与培养教师素质特别是教师教育教学素质等统筹考虑，并充分发挥学校等各方面的积极性。精品课程建设，可以全面带动学校的课程建设工作，推动教育教学质量迈上新台阶。

第三节　课程开发

课程开发属于课程构建问题，与之相关的还有课程设置、课程设计、课程编制、课程研制、课程建设、课程实施、课程评价等。

一、课程开发的概念

中外学者为课程开发下了多种定义。综合这些定义可知，课程开发是指产生一个完整课程或产生一系列完整课程的全过程。课程开发是属于课程范畴的实践活动，是一个连续、动态地构建新课程或革新课程的分析、规划、设计、实施和评价的实践活动过程。

目前，认同度较高的课程开发概念如下：课程开发是指在一定的课程观的指导下，产生或构建一系列课程方案与课程文件的全过程，包括课程调研分析、课程编制、课程设计、课程实施、课程评价等环节。

二、课程开发系统

从系统论的视角来看，课程开发是一个完整的系统。课程开发系统的组成要素有以下几个：

第一，课程开发主体，即实施课程开发的主导者和参与者。一般来讲，课程开发的主体具有多元性，包括各级政府的主管教育部门、企业和行业、学校、教师、课程专家、教学专家、职业或行业专家及其他参与开发的人员。

第二，课程开发对象，包括课程体系和课程。课程体系也称课程方案或人才培养方案，由一系列课程组成。

第三，课程开发机制，包括课程开发的组织机构、开发规则和制度、工作方法和程序等。

第四，课程实施，即对开发的课程进行试行和检验。

第五，课程评价，即对开发的课程及其实施过程、结果等进行价值判断。

三、课程开发的层次与类型

按照课程开发的主体和对象来划分，课程可以分为国家开发课程、地方开发课程、学校（或学校与企业）开发课程、教师开发课程，可分别简称为国家课程、地方课程、校本课程和师本课程。

在现实课程开发中，这四个层次是互相关联的。换言之，有的课程可以逐层逐级开发，可以自上而下地开发，也可以自下而上地开发。

四、课程开发的原则

任何课程开发都要遵循一定的原则。

（一）课程设置中的专业指向性原则

高等教育是一种专业性教育，课程设置应具有很强的专业指向性。

（二）开发主体多元性原则

高等教育具有社会公益性和鲜明的专业性，其课程特别是专业课程的开发与决策，不能"闭门造车"。专业课程的开放性、实用性，使课程开发的主体必然带有多元性的特点。也就是说，课程开发的主体包括国家、地方教育主管部门，行业代表，学科专家，课程专家，高等院校领导和教师，等等。虽然在课程开发的不同阶段，各类人员的参与程度、作用不同，但在原则上，每一阶段都需要多方面相关人员的参与。

（三）目标的明确性

无论是整个课程系统还是每门课程都要有明确的目标、宗旨和指导思想，以便全面驾驭课程的开发、设计、实施和评价。课程系统的总目标、课程的分目标和子目标，都应该力求具体化、行为化和可操作化。总目标的表达可参照行业特点，课程的分目标和子目标要尽可能地强调可操作性。所有课程的开发都要以目标为中心来展开。目标本身必须是合理的、经得起推敲和检验的，能够充分反映专业结构、岗位要求、学生学情和学习风格等。专业核心课程的开发，要与学生就业和发展的能力需要相匹配。

（四）衔接性原则

课程开发应充分注意课程系统内各个课程之间的结构关系，保证课程间的纵向、横向衔接，既要防止彼此脱节，又要防止重复。课程开发的这种衔接性原则，也称为关联系统原则，它决定着课程中目标、内容、实施、评价的关联性、一贯性和有效性。

（五）理论精练性原则

专业课程需要一定的技术理论知识和科学理论知识作为支撑，以便拓展操作知识和操作技能，但又要做到少而精。"少"应以够用为度，使操作知识和操作技能的学习获得足够的支持；"精"要以使用为准绳，即着眼于操作知识和操作技能，要求能举一反三、灵活应用。

（六）结构的模块化原则

模块化的课程结构是把课程内容划分、编排成若干便于灵活组合的单元（技能单元、知识单元、情景模拟单元等）。同一模块既可供一个专业使用，也可以供几个专业使用。学生可以根据其需要、兴趣选用不同的模块，也可以增减模块。

（七）资源开发多样化原则

课程开发要充分注重课程建设，广泛运用各种载体，开发和利用各种课程资源。因此，课程的载体和形式必然是多种多样的，载体的形式可以是真实的，也可以是仿真的或模拟的。

（八）评价的适时性原则

专业课程开发是一个开放的系统，也是一个实践性很强的系统，因此对其每一步、每一环节，都应注重反馈调节，诊断状态，发现问题，不断推出更加合理有效的调整方案，逐步逼近最优课程。因此，适时评价是不可或缺的。

（九）开发信息性原则

专业课程开发是一个不断尝试的过程。在科技高速发展和信息发达的当今时代，课程开发信息的收集和研究是保持课程开发最优化和先进性的基础工作。课程开发人员不仅要收集研究已有的信息，还要不断地发现问题，开展面向未来的研究，使课程开发有一定的预见性。

第四节　课程整合

一、课程整合概述

课程整合是课程改革的重要组成部分和途径。所谓"课程整合"，就是将相关的课程进行整合，将它们结合在一起、融合成一体，形成一门新课程或课程体系。高校课程改革是一个不断进行分化与整合的过程，即课程整合的过程。通识课程和专业课程、专业基础课程和专业课程等，都需要不断地进行分化与整合。

通识课程和专业课程的整合，可以使科学教育和人文教育、艺术教育紧密结合，形成和谐协调的关系，促进学生更好地全面发展。

专业基础课程与专业课程的整合，可以确保新型专业课程的构建，更好地提高学生的综合能力和综合专业素质，确保实现学生快速就业、自主创业或继续深造。

课程本身的整合，可以使"新"课程（整合形成的课程）真正具有新的教学模式和教学策略，达到课程的教学目标，使学生掌握"做什么""怎么做"等，以及明白"为什么这么做""还可以怎么做"等知识技能，保证高校教育应当具有的水平。

二、课程的整合要求

课程整合的要求包括实用性强、综合性强，同时具有基础性和辅助性。实用性强，即理论知识应为应用性强的或者属于应用理论的；综合性强，即多为经过整合的跨学科的、多门类的知识；具有基础性和辅助性，即包括基础知识、背景知识和延展性知识。

从总体上看，课程的整合重点应放在理论知识的选择和准确把握上，并以灵活的方式进行，不必局限于原学科课程内容体系的框架。只有这样，符合上述"四性"要求，才能使课程成为课程结构体系中和谐的组成部分。因此，在整合课程时，要注意以下几点：

第一，所选的理论知识，对技术应用能力的形成是强有力的原理背景支撑。

第二，正确而恰当地处理理论知识的广度与深度的关系。

第三，所选的理论知识，对学生积极适应现实社会需求和科学发展需求有直接的关联性，即兼顾学生的现实需要和未来发展需要。

第四，所选的理论知识，有利于培养学生良好的精神品质和职业道德，提升学生的思想境界。

下面以通专课程（通识课程和专业课程）的整合为例，进行具体分析。

三、通专课程的整合

（一）专业教育与通识教育

专业教育有广义和狭义之分。广义的专业教育与高等教育是同义的；狭义的专业教育是培养专门人才的教育，是指为学生从事某一专门领域的工作做准备的高校教育。

高等教育的知识和技能是按专业来划分与设置的，并以分门别类的方式来进行。专门性是高等教育的本质特征。随着科技的飞速发展，专业的分化日益增多。专门化知识和技能的状态，使得专业之间、专业教育与基础教育传授的知识之间的距离不断增大。这样，就使专业教育出现以下问题：

第一，专业分割，各自为政。专业划分过细，专业之间缺乏融通，导致学生知识、技能领域过于狭窄，知识结构不合理，综合素质不如人意。同时，由于办学模式趋同，专业教育缺少自身特色，专业设置及专业教育"千校一面"，毕业生的质量和结构问题越来越突出。同届毕业生"平淡无奇者多，出类拔萃者少"，相当多的毕业生就业难。

第二，专业课程体系设置不尽合理，专业发展缺少特色。

第三，专业教学过程往往脱离学生的学习经验或体验。组织课程的依据在于课程知识的逻辑结构，而忽视学生的需要、兴趣与个性心理等特征，以及现实社会问题与个体生活经验；忽视生成性目标，没有摆脱"教师中心""教材中心"的传统模式；教学方法停留在"单向传输"范式上，强调知识记忆，缺乏创新；在学业评价方式上，仍然采用"总结式"和"标准答案"等。

鉴于上述问题，不少学者呼吁改革专业教育，将专业教育与通识教育进行有机整合，加强学生学习能力、创新能力及专业能力的有效培养，全面提高人才培养质量。

现在，人们已经赋予"通识"以新的内涵，可以将"通识"的理解深入人生观、价值观、历史观和审美观领域，这集中反映了中国传统文化对道德文章、做人做事等的境界追求。

通识教育与专业教育的区别在于，专业教育往往很难把学生看作知识的主人，很容易把学生当作知识的接收器，只注重教育学生在社会上做人，而忽略了教育学生做自己生命的主人。通识教育的实质，就是让学生认识作为"人"的主体地位和科学精神。

在马克思主义看来，科学既是物质的力量，又是精神的力量。科学精神包括五种精神：求真精神、怀疑精神、创新精神、实践精神和团队精神。求真是科学精神的出发点，怀疑是科学精神的切入点，创新是科学精神的增长点，实践是科学精神的立足点，团队是科学精神的契合点。通识教育就是要从多视角培养科学精神。实际上，通识教育和专业教育是教育的两个极其相关的部分。两种教育虽然性质完全不同，但却不能割裂或对立。许多学者认为高校教育应该整合通识教育和专业教育，使学生既掌握"何以为生"的知识和本领，更领悟到"为何而生"的人生意义和生存价值，将"有限的目的"和"无限的目的"统一起来，达到人的全面、自由、和谐的发展。著名的《高等教育哲学》的作者约翰·布鲁贝克（John Brubacher）指出：如果一个人是明智的，他就不只是能更好地谋生，而且能更好地享受生活。

高校作为培养高级人才的机构，实施专业教育是合理的、必需的。专业化是高校教学和科研有效进行的基础，还是物质无限多样化的反映。因此，专业化是社会和科学发展的基本规律之一。

专业教育在促进人的专业素质发展方面起到了功不可没的作用，专业素质是人的全面发展的一个重要组成部分。但是，仅有专业教育，会形成人的过分专业化，导致人的片面发展。比如：知识片面化会使人的知识只限于狭窄的专业领域，限制其知识更新和拓展；技能的片面化会使人形成思维定式，缺乏广泛的适应性，不能适应专业的变化；情趣的"专业化"可能造成人的视野狭窄、情趣不广、爱好受局限，成为"单向度"的人。要避免过分专业化，高校就必须实施通识教育。全面发展的人应当既能体现其工具性价值，也能追求其主体性价值。通识教育正是一种促进人的主体意识觉醒的教育，能使人做自己的主宰。

综上所述，通识教育和专业教育都是人的全面发展教育中不可或缺的一部分，将二者有效地整合，使它们彼此补充，将会使学生更全面、更和谐地发展。

事实上，两种教育是彼此需要的。仅靠专业教育，学好专业知识、技能，掌握专业能力，养成专业素质，是不够的。要学好一个专业，还要有一定的背景知识、多方面的能力和高素质的修养。背景知识越丰富越有利于拓展学生的思维空间，扩大学生的专业视野，提高学生的创造能力，使学生获得学业的成功，为学生将来事业的成功奠定更扎实的基础。

课程的分门别类是学习知识技能的需要，但运用时还需要在一定程度上进行整合或综合，从而更好地分析和解决实践问题。在各个专业领域，人们面临的问题越来越复杂、深奥，解决这些问题往往需要合作、协同精神，需要与人沟通协作的能力；在遇到困难、挫折时，人们还需要缓解心理压力，调节身心状态……这些都需要通过通识教育帮助解决。因此，专业教育需要以通识教育为基础，又需要通识教育来弥补其不足，以培养出真正高水平的专业人才或职业人才。

通识教育也可以从专业教育那里获得裨益，并需要依托专业教育，达成其目标。通识教育的"通识"也是相对的。在知识总量急剧增加、新课程不断产生的今天，只能让学生接受相对的通识教育，即一定专业背景下的通识教育。通识教育应当在学生掌握比较多的知识的基础上，实行课际的整合，形成知识技能的"大局观、整体观"。可见，通识教育的这种融合沟通专业的功能，是建立在专业教育的基础之上的。高校的通识教育应该针对学生的需要、兴趣，结合社会的要求，进行指导；必须注重心智的训练，着重洞察、剖析、选择、整合和迁移等能力的培养，使学生能够举一反三、融会贯通，把专业学习过程中获得的知识、技能和能力迁移到实践工作和社会生活中，从而获得更全面的发展。

人们通常认为，科学求真，人文求善与美。但是实际上，两者都以追求真、善、美为理想，是互通的。在高校中，让通识教育和专业教育携手并进，同时教给学生知识、技能、德行、价值观等，关注他们知、情、意的协调发展，便为科学与人文架构了互通的桥梁。

（二）通专课程整合的目标与整合内容

1.高校通专课程的整合目标

科学、完美的整合应当促进、实现五个统一：人的主体性价值与工具性价值的统一、人文精神与科学精神的统一、理智训练与专业技能训练的统一、学问修养与人格修养的统一、显性影响与隐性影响的统一。

2.高校通专课程的整合内容

高校通专课程的具体整合，主要包括以下几个方面的整合：课时比例的整合，确保通专课程配比合理和优化；内容上的整合，必须科学合理，保证通专课程紧密衔接、配合和呼应；课程实施的整合，如教学模式和教学策略等协调一致。

第五节　精品课程建设

2004 年，教育部印发《关于启动高等学校教学质量与教学改革工程精品课程建设工作的通知》，启动了高校精品课程建设。

一、精品课程的概念及建设工作重点

（一）精品课程的概念

精品课程是具有一流导师队伍、一流教学内容、一流教学模式、一流教学策略、一流教学资源、一流教学管理等特点的示范性课程。精品课程建设是高校教学质量与教学改革工程的重要组成部分。

（二）精品课程建设的工作重点

1.制定科学的建设规划

各个高校要在课程建设全面规划的基础上，根据学校定位与特色，合理规划精品课程建设工作，并以精品课程建设带动其他课程建设，以提高学校整体教学水平。

2.切实加强教师队伍建设

精品课程要由学术造诣较高、具有丰富授课经验的教授主讲。高校要通过精品课程建设逐步形成一支结构合理、人员稳定、教学水平高、教学效果好的教师梯队，而且要按一定比例配备辅导教师和实验教师。

3.重视教学内容和课程体系改革

高校要准确定位精品课程在人才培养过程中的地位和作用，正确处理单门课程建设与系列课程改革的关系。精品课程的内容要先进，及时反映本学科领域的最新科技成果。同时，高校要广泛吸收先进的教学经验，积极整合优秀教学改革成果，体现新时期社会、政治、经济、科技、文化的发展对人才培养的要求。

4.注重使用先进的教学方法和手段

高校要合理利用信息技术等手段，改革传统的教学思想观念、教学方法、教学手段和教学管理。高校要充分使用网络进行精品课程建设，鼓励教师将课件、授课录像等上传到网上，实现优质教学资源共享，带动其他课程建设。

5.重视教材建设

精品课程教材应当是系列化优秀教材。精品课程主讲教师可以自编基本教材，制作相关教材，也可以选用国家级优秀教材和国外高水平原版教材。此外，鼓励建设一体化设计、多种媒体有机结合的立体化教材是十分必要的。

6.理论教学与实践教学并重

高校要高度重视实验、实习等实践性教学环节，通过实践教学培养和提高学生的创新能力。精品课程主讲教师要亲自主持和设计实践教学，大力改革实践教学的形式和内容，开设综合性、创新性实验和研究型课程，鼓励学生参与科研活动。

7.建立切实有效的激励和评价机制

各个高校要采取切实有效的措施，让教授上讲台，承担精品课程建设，鼓励教师、教学管理人员和学生参与精品课程建设。各个高校应当对国家精品课程建设参与人员给予相应的奖励，鼓励高水平教师积极投身学校的教学工作。高校还要通过精品课程建设，建立健全精品课程评价体系，建立学生评教制度，促进精品课程建设不断发展。

二、精品课程建设的主体

精品课程建设的主体需要承担精品课程建设的责任。在现代教育体系中，精品课程带有公共产品性质，国家和政府是精品课程建设的第一主体；社会也承担着重大的责任，各类社会机构总是不断地关心着学校的精品课程建设；学校是将课程资源转化为课程要素的主要阵地，是最直接的精品课程建设主体；专家则是精品课程建设的特殊主体，往往在现代精品课程建设中扮演着特别重要的角色。

三、精品课程建设的实施

精品课程建设是高校教学质量与教学改革工程的重要组成部分，高校要高度重视、精心设计和组织实施，保证国家精品课程的可持续发展。

国家精品课程建设采用学校先行建设，省、市、区择优推荐，教育部组织评审，授予称号，后补助经费的方式进行。教育部建立"中国高教精品网站"，发布与高校精品课程建设有关的政策、规定、标准、通知等信息，并接受网上申请，开展网上评审、网上公开精品课程等工作。

第四章 高校学生的学习教育与管理

第一节 高校学生学习现状剖析

学习是高校生活的中心内容，它既是未来事业的准备，也是未来事业的开端。21世纪的社会是一个学习型的社会，学会学习、终身学习成为人们立身处世的需要。高校教育的主要目的是为学生的终身学习打下良好的基础，随着知识更新周期的缩短和人们岗位变化的加快，使学生更好地适应社会发展和自身发展的需要。"会学"比"学会"更重要。

学习是学生的根本任务，无论中小学还是高校，学生都要以学习为主。高校学习是一种与专业需要直接挂钩的、层次更高的、需要进一步发挥积极主动精神的学习，它也是高校与中小学的教育模式结构发生根本变化的结果。从学习的客观条件看，中小学与高校教育有基础教育和高等专业教育之别，在教育任务、教育内容、教育方法上都有很大的不同；从学习的主观条件看，中小学生处于未成年期，高校学生则以飞快的步伐迈向人生的成年期并迅速走向成熟，日益呈现成人的某些特点。

在传统教育思想和教学方式的束缚下，高校学生的学习现状主要表现为"五多五少"：

一、学习方式上的特征——从师型过多，自主型过少

从师型学习过多、自主型学习过少，往往表现为对课堂学习的过分依赖。进课堂听教师讲课，本是天经地义的事，但是很多学生对教师、对课堂依赖过强，完全跟着教师的指挥棒转，很少主动钻研，独立学习能力和创新能力不强。

二、思维方式上的特征——求同性过多，求异性过少

部分教师要求学生按自己的思路一步步走下去，部分学生认为能读懂教材的内容，听懂教师的讲授，自己的理解与书上写的、教师讲的相同，就是学会了，就完成了学习任务，习惯于"是这样"，而不习惯于提出"为什么是这样，为什么不能那样"。在部分高校，统一的考试、统一的标准答案等使得学生的认知结构及思维方式大致雷同，缺乏个性，少有创新。

三、学习状态上的特征——盲从型过多，问题型过少

教师普遍反映，在辅导答疑时间，来提问题的学生极少，只有到了考试前，学生才纷纷来打听考试要求的范围，或问一些应试所急需解决的问题。其实在学习的过程中，对学习内容理解得并不透彻的学生很多。无论是哪种程度的学生，围绕着学过的内容去思考问题、提出问题、研究问题和解决问题，都是推进学习的重要方式。然而，从教学实践来看，学生不乐于提问题或提不出问题，这本身就是学习中的一个大问题。

四、学习层次上的特征——继承性过多，创新性过少

高校学生的学习，首先是继承前人积累的科学和文化遗产，为以后的学习和创新打好基础，所以继承性学习是必要的。高校的学习与中学相比，要更加强调创新；今天的学习与过去的学习相比，也要更加强调创新。"知识"二字，可以一分为二："知"表示对信息的接收、获取和储存，"识"则意味着识别、判断、分析，是对信息的消化和处理；"知"是接受别人的东西，"识"是自我加工和运作。同样的信息被不同的人接收，会有不同的效果，原因就在于"识"的程度不同。"知"具有继承性，而"识"则带有创新性。如果说中学生的学习重在获知，那么高校学生的学习应重在求识。在现实中，很多高校学生还没有很好地实现从中学到高校学习方式和学习层次的转变，求识的意识不强，对创新性学习还不够重视。

五、学习情感上的特征——应试型过多，兴趣型过少

在高校，部分学生学习是为了应对考试，而不是凭自己的兴趣去探索和钻研。一部分学生学习吃力或者不下功夫学习，他们的直接目标是考试过关，"60 分万岁"；一部分学习基础较好的学生准备考研究生，主要精力是学习考研的几门课，要在几张考研试卷上决定自己的前途和命运；还有一部分学生，由于评奖学金、发展入党等都与学习成绩挂钩，所以会为考个好成绩而奋斗。在这个过程中，能够带着兴趣学习的学生很少。然而，学习需要有兴趣，学生有了学习兴趣，才能真正调动起自身的内在动力，真正地钻研进去，乐此不疲，成为自己学习的主人，这是学习的基本规律之一。

第二节　高校学生学习教育的要义

学习是学生高校生活的主旋律，高校阶段是成才道路上从"继承期"向"创造期"转变的过渡时期，是人才成长的关键阶段。分析和认识高校学习的主客观条件及其种种表现，目的是解决每个学子都面临的困惑——怎样学习。

学习教育概括起来讲就是对学生进行学习素养的教育及其过程，包括学习动力教育、学习策略教育和学习方法教育。

一、高校学生的学习动力教育

高校学生的学习动力教育包括学习目的教育、学习动机教育、学习兴趣教育、学习意志教育等，其目的是让学生树立正确的学习观，明确学习方向，增加学习动力，具有热爱学习、乐于钻研科学文化知识的兴趣与爱好，具有不怕苦、不怕挫折、坚韧不拔的意志。

（一）高校学生的学习目的教育

高校学生的学习目的，是高校学生对学习的社会意义的自觉认识和追求，是其志向在学习生活中的具体体现。正确的学习目的，是激发学生保持学习积极性、自觉适应社会和事业发展的需要而投入各种学习活动的必要前提。它赋予学生的全部学习活动以内在的动力，不仅对学生立身做人、完成高校阶段的学业有十分重要的意义，而且对学生实现终身教育、成就事业具有十分重要的意义。

（二）高校学生的学习动机教育

高校学生的学习动机是学习的直接动力，贯穿学习的全过程。它可分为间接性动机和直接性动机，决定着高校学生进行学习活动时所付出的努力程度，同时也保证了学习活动的方向。北宋的邵雍说过："学不至于乐，不可谓之学。"苏霍姆林斯基说："感到知识是一种使人变得崇高起来的力量——这是一种比任何东西都更强有力的激发求知兴趣的刺激物。"为此，高校学生应当培养求知热情以激发学习动力，这样他们的学习生活就多了强有力的精神支柱，他们就会始终保持旺盛的生机和活力。

（三）高校学生的学习兴趣教育

学习兴趣可以让高校学生积极地认识主客观世界，积累科学文化知识，不断探索真理。它是直接推动高校学生主动学习的一种最现实、最活跃的内在动力。学习兴趣不是固定的，它会在多种因素的影响下发展和变化。高校学生通过自身的努力，可以培养兴趣。

（四）高校学生的学习意志教育

高校学生的学习意志是指学生根据学习的目标，在学习过程中自觉地实施、调节和控制自己的学习行为，不断排除干扰，克服困难，以完成预定的学习任务的心理过程。无论对于谁，学习都是一个艰苦、细致、考验耐心的脑力活动过程，要求有坚强的意志、顽强的毅力，以及承受挫折、战胜挫折的心理准备。

二、高校学生的学习策略教育

学习策略教育包括如何制订学习计划、如何进行课前预习、如何复习与归纳知识、如何把握各科的学习特点等，其目的是让学生懂得学习的一般过程和特点，把握学习的一般模式与原理。

三、高校学生的学习方法教育

（一）高校学生学习方法教育的基本内容

学习方法教育包括记忆的各种方法和思维的各种方法，其目的是让学生针对不同的记忆材料自动化地采用不同的记忆方法来记忆，针对不同的学习材料灵活地运用不同的思维方法去思维，从而实现"知识"和"方法"同时获得，"知识"和"能力"同步发展。

没有正确的方法，即使有眼睛的博学者也会像盲人一样盲目探索。古往今来，许多科学强人把科学方法比作船和桥，比作路和工具，拥有科学的学习方法是获得科学知识的重要条件。古人云："授人以鱼不如授之以渔。"美国学者阿尔文·托夫勒（Alvin Toffler）说："未来的文盲不再是不识字的人，而是没有学会学习的人。"

对于教师而言，要达到"教是为了不需要教"的目的，在课堂教学中应努力实现学习方法教育，具体应注意以下几点：

第一，明示课堂教学目标。教师不仅要明示知识目标，还要对应地明示学习方法目标。比如，本章节的知识目标是记忆，那么教师就要告诉学生用什么方法去记。又如，本章节的知识目标是理解和运用，那么教师就要告诉学生用什么思维方法来理解，又用什么方法来运用。

第二，达到教学目标要求两个做到：一是教师做到"以法授知"，同时"以知传法"，达到"知法同传同授"；二是学生做到"以知得法"，同时"以法获知"，达到"知法同获同得"。

第三，课堂评价要求教师既评价知识目标，又评价学习方法目标（能力目标），由此了解学生对学习方法的运用和把握程度及其不足。

（二）高校学生学习方法教育的基本途径

向学生传授科学的学习方法，主要有以下基本途径：①聘请专家举办学习方法讲座。高校可以聘请有经验的专家举办学习方法讲座，为学生讲解学习的本质、规律等。②邀请杰出人物介绍学习经验。高校可以邀请杰出人物介绍自己成功的学习经验，鼓励学生学习不同的方法和要诀。③总结推广优秀学生学习经验。高校还可以通过分享会等让成绩优秀的学生讲述自己的学习方法，并将这些学习方法进行总结推广。

第三节　培养优良学风的教育内容

一、培养认真求实的学习态度

科学讲究实事求是，容不得半点马虎和虚伪，学生要养成实事求是的学习习惯和一丝不苟的负责精神。当前，大多数高校学生都能以认真求实的态度对待学习，但也有一些学生并没有真正形成这种学习态度。

我们提倡求实，就是要求在学习上不轻信、不马虎，以事实为根据，以追求真理为己任，认真对待一切细小的事实，仔细听取实践的呼声。爱因斯坦曾说过："凡在小事上对真理持轻率态度的人，在大事上也是不足信的。"自然科学史上有许多事例都生动地说明了坚持这种认真求实态度的重要性。

二、培养勤奋刻苦的学习毅力

（一）勤奋学习与时间消费

勤奋学习与时间消费关系密切。我们要求勤奋，就是要求高校学生在学习中争分夺秒、发奋用功、永不懈怠。一个人要想真正学到一些知识和本领，不下一番苦功夫，不经过长时期的积累，是不可能达到目的的。唐代学者韩愈有句名言："业精于勤，荒于嬉；行成于思，毁于随。"

（二）刻苦学习与困难克服

勤奋学习者往往是不断克服困难者。我们要求刻苦，就是要求高校学生在学习中不怕困难、不畏艰险、勇敢拼搏、不断攀登。追求真理，常常是需要付出代价、付出辛劳、做出牺牲的。我国著名数学家华罗庚曾经说过："科学上没有平坦的大道，真理长河中有无数礁石险滩。只有不畏攀登的采药者，只有不怕巨浪的弄潮儿，才能登上高峰采得仙草，深入水底觅得骊珠。"

（三）勤奋刻苦学习与人格升华

勤奋刻苦学习者往往是具有非凡人格魅力者。任何事业的成功都是来之不易的，唯有勤奋和刻苦能把我们送达成功的目的地。勤奋是科学工作者的重要品质，培养勤奋刻苦的学习毅力，就要深刻认识事业的艰苦和成功的不易，努力克服惰性。古人学习尚能"三更灯火五更鸡"，尚能"映雪读书""凿壁偷光"，尚能"头悬梁、锥刺股"，当代高校学生更应当以中华民族历史上的许多杰出人物为楷模，勤奋、刻苦地学习，克服自己的惰性，克服贪图安逸、懒散、贪玩的不良习气，使自己具有顽强的学习毅力，从而使自己的人格得到升华，成为具有非凡人格魅力的人。

三、培养虚心踏实的学习风格

（一）高校学生学习的成功需要虚心的态度

虚心的学习态度指的是学习上的一种不满足感，一种虚怀若谷、不断求取新知的品格。俄国作家列夫·托尔斯泰曾说："一个人就好像是一个分数，他的实际才能好比分子，而他对自己的估计好比分母，分母越大则分数的值就越小。"这句话告诉我们，越是有学识的人在学习上就越虚心。虚心，就要善于向人求教，不耻下问。孔子说："三人行，必有我师焉。择其善者而从之，其不善者而改之。"韩愈说："无贵无贱，无长无少，道之所存，师之所存也。"这便是对虚心的最好解释。提倡虚心，并不意味着鼓励自卑。因为虚心和自信本来就是相互统一的，二者统一的基础应是"尊重真理"。一个虚心追求真理的人，一旦掌握了真理之后就应当充满自信，敢于始终坚持真理，敢于为真理而斗争。因此，高校学生在任何时候都不应当把虚心同发挥创新精神、开拓精神、竞争精神对立起来。虚心真正的对立面，是高傲和狭隘。

（二）高校学生学习的成功需要踏实的精神

踏实的学习精神，指的是学习上的一种不务虚名、不求私利、一心向真理王国求索的品格。从学习的最终目的上看，高校学生应当运用真理去改造世界。在学习的过程中，在向真理进军的征途上，高校学生必须始终坚持脚踏实地，始终不让荣誉和利益干扰自己对真理的掌握。这就是所谓"不耻禄之不伙，而耻智之不博"。

（三）高校学生学习的成功需要克服自满情绪

自满心理会堵住知识的入口和通道，麻痹自己的求知欲望。因此，学习的敌人是自满，高校学生要认真学习一点东西，就必须从不自满开始。高校学生要培养虚心踏实的学习风格，就要深刻认识"人生有涯"与"学海无涯"的辩证关系，就要自觉同自满的劣根性做斗争，谨记"满招损，谦受益"的古训，以一种永不满足的态度来对待学习。

四、培养科学严谨的学习方法

所谓科学，就是学习方法要符合高校学习生活客观规律的要求，避免主观随意性。所谓严谨，就是要全面、妥善地处理好学习中的一些关系，防止顾此失彼，出现漏洞。良好的方法能使高校学生更好地发挥运用天赋的才能，而拙劣的方法可能阻碍才能的发挥。高校学生要想培养科学严谨的学习方法，就要认真借鉴吸取古人和别人的、书本上和实践中的各种行之有效的学习经验，并结合自身特点，反复切磋琢磨，逐步体验探索，以总结出一套符合自身特点的行之有效的学习方法。高校学生应当明白"得法者事半功倍，不得法者事倍功半"的道理，使学习方法真正成为效率之父、求知之魂、博学的翅膀、成才的飞舟。

第四节　高校学生学习管理

学习是高校学生最基本的任务，学习管理是高校学生管理的基本内容。高校学生管理人员虽然不直接从事具体教学活动，但却应关心学生的学习情况，并以教育、引导、激励、指导等多种形式加强对学生的学习管理，促进其学习质量和学习效率的提高。

一、高校学生学习管理的重要作用

（一）有利于提高学生的学习效率

高校学生的学习过程，是人类自觉认识的过程，存在相应的客观规律。对高校学生学习进行有效管理，可以引导学生自觉利用学习规律，采用科学的学习方法，进行自觉的、科学化的学习，从而大大提高学习效率。

（二）有利于调动学生的学习积极性

决定高校学生学习效果的基本因素，除了学习的科学性，最重要的是学生学习的积极性。高校学生学习管理，可以端正学生的学习态度，激发他们的学习动机，调动他们的学习积极性，使他们更加勤奋刻苦地投入学习中去。

（三）有利于全面实现培养目标

要培养合格人才，加强学生学习管理极为重要。高校学生学习管理，可以促使学生的学习活动更富有成效，并使学生提高觉悟、增长知识、增强能力、发展智能，培养学生坚韧不拔的毅力和过硬的学风，从而全面、有效地实现人才培养目标。

二、高校学生学习管理的方法

合理的方法才能体现管理的原则，取得满意的管理结果。高校学生学习管理要采用有效的管理方法才能适应学生、学校、社会的需要。因此，高校学生学习管理的方法从主要分为两种，一种是分阶段管理，另一种是系统管理。

（一）分阶段管理

分阶段管理是指将学生的学习管理分为入学期、稳定发展期、毕业前期三个阶段，在不同阶段采用合适的方法，实现有效的学习管理。

分阶段管理最大限度地体现了学生学习管理中针对性原则，但在管理活动进行的过程中，也结合了自主性原则、系统性原则、价值性原则和定性管理与定量管理相结合的原则。

1.入学期学习管理

入学期的学习管理主要是从端正学生的学习态度，使学生掌握正确的学习方法角度入手的。很多学生步入高校后，面对自由的学习环境、浩瀚的知识海洋，在学习态度、学习方法上产生了困惑、焦虑。在这个时期及时地了解学生、帮助学生，会对学生以后的学习阶段起到良好的铺垫作用。

2.稳定发展期学习管理

学生在学校里经过半年乃至一年的环境适应，开始对自我的学习有了大的发展欲望。这个阶段的学生有着强烈的求知欲，因此这个阶段的管理应注意处理好专业与兴趣爱好、全面发展与个性发展的关系，不仅使学生学到丰富的知识，还应培养学生的各种学习能力。

3.毕业前期的学习管理

毕业前期，学生会面对就业、考研等不同的选择。一部分学生忙于考研，埋头苦学，希望通过研究生考试，而忽略应该在这个阶段学习的专业课；也有一部分学生忙于找工作，认为只要有个工作，学习不学习已经不重要。因此，这个阶段更应该稳定学生的学习，在他们步入不同环境之前，既要抓好教学计划中的学习管理，也要为学生走上不同的环境所需要的知识提供学习的机会，如开设英语辅导班、交际礼仪指导课程等，为迎接学生的毕业，使他们顺利走向另一片天地提供再学习的条件。

（二）系统管理

系统管理主要是把系统科学的理念注入学生学习管理中，把学生学习管理看作一个系统管理工程。高校学生学习系统管理就是指将学习行为与学生、学校、社会看作一个整体来管理，学生对学习行为产生直接的影响，学校和社会为学生的学习提供了支持系统。

下面从五个方面对学习管理系统进行介绍：

第一，学习管理系统中有着学习行为、学生、支持系统部分，学习行为是这个系统的中心，学生的活动和支持系统的活动都是围绕着学习行为进行的。学习行为、学生、支持系统之间有着密切的联系。

第二，在学生学习管理系统中，学习的主体是学生，学生与学习行为有着相互的关系。学生对学习行为进行有效管理，会取得理想的学习结果；理想的学习结果又会加强学生的积极性、自主性，提高学习效果。相反，学生没有对学习行为进行有效管理，就会降低学习效果，进而影响学习情绪。

第三，支持系统是指学校、社会为学生的学习所提供的一切支持，它包括培养目标、学习风气、学习制度、评估制度等，这些支持系统有效地促进了学生的学习活动；同时，学生的学习活动又影响着支持系统的发展。

第四，学习管理系统中隐含着计划、组织、控制、激励等各个环节，这些环节是管理活动进行的各个必要程序。管理活动在计划、组织、控制、激励等环节的基础上有效运行，使得整个系统得以良好运转。

第五，学习目标的实现是最终的管理目标。这个学习目标是系统的整体目标，是学生个人的学习目标与支持系统目标的统一。达成满意的学习目标，不仅是学生，也是支持系统的愿望和采取措施的结果。

第五章　高校校园文化建设
与专业教学管理

第一节　高校校园文化的内涵、
意义与特征

一、高校校园文化的内涵和意义

（一）高校校园文化的内涵

校园文化作为一种社会现象，早已存在于我国的古代教育中，如私塾、书院所倡导的"杀身成仁""舍生取义""学而优则仕""君子不言利"等儒家道义，便可看作中国处于萌芽状态的校园文化。孔子、孟子创始的这种文化，经过不断完善和发展，深深地影响着几千年来的中国校园。

研究表明，"校园文化"概念的正式提出，始于20世纪80年代的高校校园，从此掀起了一场校园文化研究和探讨的热潮。对校园文化概念的界定是见仁见智，主要有"启蒙说""精英说""氛围说""活动说"等。

目前，关于校园文化内涵的观点已趋向一致，人们普遍认为，校园文化是社会文化的一个特殊部分，是社会一般文化作用于学生的"中介"，是一种社会亚文化。校园文化具有深刻的社会属性，受民族文化、地区文化等的影响，它不能脱离这些文化系统而独立存在。

高校校园文化则是指在政治、经济等社会因素和民族文化、地区文化等文化系统的影响下，高校校园中所有成员共同创造的物质财富和精神财富的总和及其创造过程。

（二）高校校园文化的意义

高校校园文化是高校精神文明建设的重要内容，是学生工作的一个重要组成部分。党和国家一贯重视包括校园文化在内的文化建设与发展，强调加强校园文化、社区文化、村镇文化、企业文化建设，为经济建设和改革开放提供精神动力与智力支持，推动社会主义精神文明建设。高校建立起既有本校特色又有现代特征的健康向上的校园文化，对创造良好育人环境、培养德才兼备的优秀人才等具有极其重要的意义。

二、高校校园文化的特征

高校校园文化作为一种群体亚文化，除具有一般文化的共同特征外，还具有一些明显的个性特征。

（一）具有延续性和超前性

任何文化都是传统文化发展的历史积淀，高校校园文化是高校师生不断积累、继承的结果，这就决定了它的延续性。但是与社会的其他文化形态相比，高校校园文化是一种更为开放、创新的系统。高校师生的自我意识强，开拓意识强，不断对外部文化进行选择、吸取、创造，常常开社会风气之先河，引领社会文化时尚，向外辐射新兴的文化潮流，从而使高校校园文化显示出超前性。

（二）具有创新性和先进性

创新精神是一个国家与民族发展的动力与源泉，对社会的进步与人才的成长有着非常重要的作用。在当今社会发展背景下，对学生创新精神的培养是高校的重要使命之一，这也促成了高校校园文化的创新性。丰富多彩的高校校园文化不仅丰富了课堂教学内容，更有效地启发了学生的创新灵感与创造性思维，进而使学生能够在未来的发展过程当中勇于突破，敢于自主创新。

高校始终处在社会文化发展的前沿，是社会先进文化的发源地，是培育先进文化创造者的摇篮。因而，高校校园文化对社会文化有巨大的引导、辐射作用，它的内涵丰富了社会先进文化的内涵，它的发展推动了社会文化的进步。

（三）具有开放性与多元性

高校是开放的，它从来不是脱离社会的象牙之塔，而是在向社会开放的过程中不断地实现自身的丰富和发展。特别是现代高校，要创新知识、传承文明、培育人才，就必须敞开门户，吸收各国各民族的文明成果，吸收各种学术流派的新观点。同时，在人才培养中，不同国家、不同地区、不同民族学生的进入，也把不同的思想、不同的文化带到学校中来。高校频繁开展的学术交流活动，更使各种思想、观点、流派相互交融、碰撞，高校校园文化就是在这种交融碰撞中得到丰富和发展的。高校要发展，其校园文化必须表现出足够的包容性、开放性、吸纳性。由于当前经济成分和经济利益多元化，社会就业方式多元化，社会文化多元化，同时各高校师生的价值取向、知识结构、志趣追求的差异，高校校园文化呈现出多元性。

（四）具有民主性和自由性

民主、自由是高校校园文化的精髓所在，是高校创新的源泉。高校是研究高深学问的场所，这里没有身份地位的差别，只有不同观点和流派的平等交流、碰撞，真理的火花在交流中孕育，智慧之光在碰撞中产生。思想自由、学术自由历来是高校的基本精神，并沉淀成高校特有的文化价值观。只有在宽松、和谐、平等竞争的氛围中，高校师生才能焕发出创造的活力，产生创造的灵感。高校校园文化的民主性与自由性包括平等、宽容、自主、参与、责任等。

（五）具有科学性和思想性

高校校园文化本身就极富知识和智慧，有较强的科学性。同时，高校校园文化的主体具有思想敏锐、境界较高的特点，有积极向上的精神追求，故又使校园文化具有较强的思想性。

第二节　高校校园文化的功能与作用

一、高校校园文化的功能

所谓高校校园文化功能,指高校校园文化在学校文化教育等生活中所产生的作用和效果，即效果性功能和文化影响性功能。

高校校园文化作为社会亚文化的高层次精神形态,在高校学生的成长成才中发挥着重要的功能，它通过一定的物质环境和精神氛围，使生活在其中的个体自觉或不自觉、有意或无意地在价值取向、思想观念、心理素质、行为方式等方面发生认同，从而实现对精神、心灵的塑造。

（一）高校校园文化的启迪功能

高校校园文化的启迪功能，即高校校园文化的唤醒功能，是指高校校园文化氛围对学生群体思想的启迪。高校新生对校园环境、传统校风大都会有强烈的感知。这种感知不仅使他们产生好奇、景仰，还会激发他们对新知识、新文化的求知欲望，促使他们自觉改造自己的价值观念，塑造自己的思想品德，调整自己的行为方式，认同、接受新的高校文化。

（二）高校校园文化的教育功能

高校校园文化的教育功能，指丰富多彩的校园文化活动的教育作用，是学校课堂教育的延伸和补充。高校的教育并非只以传授知识为主要目的、以书本知识为主要内容、以课堂讲授为主要方式的教育，也并非只与庄严肃穆的知识殿堂、苦读寒窗的莘莘学子相联系的教育，它既是一种清幽的知识文化、宁静的书斋文化，又是一种颇具感召力和激发力的精神生活再造过程、潜移默化的教育过程。

高校特有的形式多样的校园文化活动，能够巩固、强化和发展课堂教育，扩大学生的知识面，开发学生的各种潜在才能，提高学生独立分析和解决问题的能力；能够帮助学生获得生活知识和社会经验，培养学生适应社会环境的能力，促进学生自我教育、自我提高，为其走向社会、服务社会奠定良好基础。

（三）高校校园文化的导向功能

高校校园文化的导向功能，指高校校园文化一旦形成，就会成为一种集体的心理定式和精神风貌，足以影响群体的价值取向。学生进入高校以后，始终处于校园文化的氛围之中，各种各样的思想、理论和观点在此汇聚，使人耳目一新。特别是不少校园文化形式倾注了对生活目标和人生价值的探求，吸引着众多学生，使学生在潜移默化中形成与学校倡导相一致的价值观，产生对学校培养目标、行为规范的认同感。

（四）高校校园文化的凝聚功能

高校校园文化的凝聚功能，指高校师生在校园文化环境中，能够自觉或者自然地表现出某种具有共同认识、共同价值取向的社会文化心理，这种社会文化心理极易强化和凝聚。

在校园文化氛围和环境的影响下，群体中的每一名成员都会产生集体认同，形成强烈的向心力、凝聚力。校园文化氛围和环境能营造民主和谐的人际环境，使群体中的每一名成员都能最大限度地发挥出自身的潜能和创造力，表现出合乎群体准则的自律性、组织性。正是这种凝聚功能，完成了对高校师生从众心理和合乎学校规范的从众行为习惯的养成。

（五）高校校园文化的调适功能

高校校园文化的调适功能，指通过心理调解和无益情绪的化解，达到身心康乐的目的。显然，高校师生的心理在很大程度上取决于学校环境的影响。

来自校园环境的各种信息的影响和刺激，通过高校师生的认同、从众、暗示、模仿等心理机制，便成为他们个体的心理氛围。一方面，高校师生不仅有求知的需要，还有交往的需要、爱的需要、美的需要，以及自我发展、自我完善、自我实现的需要等。校园文化能在一定程度上满足这些需要，使之达到心情愉悦，保持心理健康。另一方面，现代社会的急剧变化，各种复杂的矛盾纠葛，学习、工作和生活的压力，都可能使高校师生焦虑、忧虑、悲愤，导致心理障碍的产生，而校园文化能为排除他们的心理障碍提供良好的途径。

（六）高校校园文化的约束功能

高校校园文化的约束功能,指高校校园文化中的制度文化规范并约束着高校师生的行为规范,调整和影响着高校师生的思想观念,使之按照预设的轨道前进。

校园文化所营造的文化氛围无时不在牵引着高校师生的行为举止,这种气氛是软的,也是无形的。张中行先生在回忆北大时写道:"有无形又不成文的大法管辖着,这就是学术空气。说是空气,无声无臭,却很厉害。"校园文化作为一种无形的约束力量,也会构成一种行为规范来制约人们的行为,诚如墨子所说的:"染于苍则苍,染于黄则黄。"校园文化使理想信念、价值观念在高校师生的心灵深处形成一种心理定式,构造一种响应机制,这种软约束可以减弱各种硬约束对高校师生心理的冲撞,削弱抵触情绪,从而达成统一和谐的默契。

（七）高校校园文化的激励功能

高校校园文化的激励功能,指由高校校园文化所结晶出来的精神,是一种具有鲜明个性特征,积极向上、催人奋进的精神力量,能使置身其中的每一个人都受到感染和鼓舞。特别是对于高校学生来说,这种精神氛围的教化,会成为他们不竭的动力,催他们自新,催他们向上,催他们奋进,引导他们把爱国之情、报国之志转化成为实现中华民族伟大复兴而刻苦学习、立志成才的自觉能动。

（八）高校校园文化的继承功能

高校校园文化的继承功能,指在高校教育过程中所形成的至今仍在发挥作用的教育观念、道德观念、价值标准、行为方式等文化要素,体现了高校校园文化的继承性。

虽然高校校园文化应当随着时代的发展而不断更新,但它们都是在一定历史条件下产生,并为一批又一批的高校师生所继承和弘扬。高校校园文化的继承功能,使高校的优秀精神得以延续,持续对高校的发展产生重要影响。

（九）高校校园文化的辐射功能

高校校园文化的辐射功能,指高校校园文化在与社会文化的交流中,既吸收社会文化的文化因素,又释放自己的文化因素,形成一个强劲的文化辐射场,有利于提高整个社会的文化水平。

高校负有教学和科研双重职能，其结果均会对社会文化产生深远而重大的影响。教学的结果是培养大量的人才，这些人才毕业后将奔赴全国各地、各条战线，他们的政治素养、专业水平等影响到国家建设事业的兴衰和成败；科研的结果是创造出许多新兴成果，使科学技术造福人类，提高人们认识自然和征服自然的能力。例如，从历史上看，新的哲学思潮主要是从校园走向社会，并影响着整个社会文化，学者一旦研究出某种新的思想体系，便会首先在文化层次较高的高校师生间广泛传播开来，然后逐渐传播到整个社会，从而影响社会成员的思想观念。

二、高校校园文化的作用

（一）高校校园物质文化的作用

高校校园文化由物质文化和精神文化构成。高校校园物质文化是高校发展过程中积累下来的外在物化形式的统称，它是高校校园文化建设的前提和条件，是精神文化赖以生存发展的基础和载体，故也称载体文化。高校校园物质文化的作用在于升华和优化校园文化的结构，使之更加合理并具有生命力。

高校校园物质文化的主要特点是空间物化，是一种以显性为主的文化，从形态上大体可分为两种：一是基础设施文化，包括教学设施、办公设施、后勤装备、文体活动中心等；二是环境布局文化，包括校园的总体规划、校园的绿化、楼堂馆所的美化等。一所高校的自然环境、内部布局结构、所处的地域都能形成物质文化。哈佛大学的庭院、北京大学的未名湖、清华大学的清华园、西安交通大学的四大发明广场等都是学校的典型标志，标志物的存在使这些学校与其他学校得以区别开来，昭示着该校的独特个性，使高校师生产生一种特殊的优越感和自豪感。

（二）高校校园精神文化的作用

高校校园精神文化是指高校师生长期创造形成的一种精神环境和文化氛围，是高校校园文化建设的灵魂和核心。高校校园精神文化的作用是内在激励、凝练和营造特定的思想文化氛围。

高校校园精神文化是一种以隐性为主的文化，具有潜移默化的作用。高校校园精神文化从形态上可分为三种：一是智能型文化，指的是以增长知识、开发智力为主要目的的文化，包括教学课程、学术讲座、各种竞赛等；二是观念型文化，包括思想观念、价值观念、道德观念、审美观念等；三是素质文化，指由历史的积淀而形成的独特的校园风气和校园精神，包括办学理念、民主作风、治学风格等。

第三节　高校校园文化建设的基本原则和主要途径

一、高校校园文化建设的基本原则

高校校园文化建设有其自身的规律性，必须遵循一些基本原则。

（一）高校校园文化建设的方向性原则

高校校园文化是整个社会文化的有机组成部分，高校校园文化建设需要坚持用马克思列宁主义、毛泽东思想、邓小平理论、"三个代表"重要思想、科学发展观以及习近平新时代中国特色社会主义思想去占领校园文化阵地，警惕和抵制落后、腐朽文化的侵蚀。高校要弘扬主旋律，把握主方向，引导广大青年学生走向健康成才之路。历史证明，只有在积极向上、高雅健康的校园文化的熏陶下，青年学生才能得到健康的发展，才能成为合格的社会主义建设者和接班人。

（二）高校校园文化建设的开放性原则

高校校园文化是多维的、开放的。高校的开放性是由两个方面决定的：一是高校所承担的使命。高校作为社会主义精神文明建设的重要阵地，对社会文化起着重要的先导作用。二是高校自身的发展需要。高校本身就是社会的一部分，高校发展的动力来自社会。一方面，学科的发展、人才的培养等，都离不开社会的参与，否则高校就会成为无源之水、无本之木，就会失去生机与活力。另一方面，高校的建设与发展离不开国际交流与合作，离不开国际范围内的资源与信息共享。因此，高校校园文化建设要体现"开门办学""开放办学"的理念。

（三）高校校园文化建设的主体性原则

高校校园文化建设要体现以人为本的思想，体现以师生为主的原则。高校校园文化的承受者和建设者，不仅是教师，还包括学生。高校要充分调动学生的积极性、主动性、创造性，积极发挥学生在学校管理、教学科研、文化活动中的主体性作用，通过学生自身的发展来促进学校的发展，培育出优良的校园文化，使之对社会的文明进步起到积极的推动作用。

（四）高校校园文化建设的系统性原则

高校校园文化是一个多元并存的复杂系统，必须进行整体设计规划，使高校校园文化建设有目的、有计划、有组织。具体来讲，应该从物质文化到精神文化，从课堂文化到课余文化、从学生文化到教职工文化、从通俗文化到高雅文化进行全面的考虑、整体设计规划，以达到整体的功效。

（五）高校校园文化建设的个性化原则

高校校园文化是一所高校区别于其他高校的主要标志，也是一所高校竞争力的体现。每一所历史悠久的高校，都有其鲜明的文化个性，这种文化个性是由历史的积淀、时代的精神以及对未来的独特感悟所凝聚而成的。在进行校园文化规划和建设时，一定要把握学校的个性特点，深刻理解学校的过去是什么，现在是什么，将来应该是什么，凸显、张扬和发展学校自身的文化个性。

（六）高校校园文化建设的和谐性原则

高校教育需要一种环境，需要一种氛围。这种环境与氛围是自然与人文的结合，科学与艺术的结合。在高校校园中，人文须纳自然之灵气，自然须负载人文之意蕴。高校校园的环境和谐性体现为外部环境的和谐以及内部环境的和谐。在内部环境的创设中，要使自然与人文相交融，科学与艺术相呼应，既体现出自然的魅力、艺术的魅力，又体现出文化的熏陶、科技的魅力。

二、高校校园文化建设的主要途径

（一）高校校园文化中的物质文化建设

高校校园物质文化具有以下特点：第一，它不仅是校园文化物态的存在形式，也是校园精神文化的载体；它不仅是一种实体的存在，更是文化主体的审美意向和价值取向等观念系统的表达。对于一所高校，它的地理位置、空间布局都是一种人文观念的表达，是自然美、科学美、艺术美、环境美的空间展现。我国大部分高校都依山而建，傍水而生，体现了我国文化中的"天人合一""环境育人"理念。校园内各种物态存在及空间布局的直观性决定了物态文化的外显性，对人的影响是直观的，能引导人们对其文化底蕴进行探究，进而对人们的思想行为产生影响。第二，物质文化建设是高校校园文化建设的基础，它决定着高校校园文化的发展水平。因此，必须高度重视高校校园物质文化建设。

1.校园标志性建筑的文化设计

校园标志性建筑是高校校园文化精神的外在集中反映，是园区建筑布局的灵魂和统领，其含义之重大，影响之深远，是其他校园建筑所无法比拟的。校园标志性建筑一般地处校园中心部位或轴线之上，十分瞩目，文化辐射力集中而广泛，故对其文化内涵的开拓尤显重要，设计时应把握好以下要点：

一是要体现意识形态与学术地位的结合。我国高校是社会主义精神文化建设的重要场所，是培养社会主义建设者和接班人的摇篮，故确定标志性建筑的文化内涵首先要考虑意识形态取向，恢宏、开阔、向上、进取便成为首先要考虑的美学特征。同时，高校是以其崇高的学术地位来完成社会主义精神文化建设任务的，故在强调标志性建筑的意识形态取向时，必须与其学术地位相结合。在表现其恢宏、开阔等特征之外，也要考虑增添其崇高、肃穆的权威感，可适当附加建筑物（如人物雕塑、局部装饰、说明性景物）来凸现其学术地位。

二是要体现科学精神和人文关怀的结合。高校的首要任务是探索真理，破解自然、社会、思维之谜，一代又一代高校学子呕心沥血，在追求科学、探索真理的道路上跋涉，付出了毕生的精力。所谓科学精神，简言之，就是一种实事求是的研究态度，宽容兼收的学术情怀，铁面无私的理性精神，尊重实践的科学作风。标志性建筑要体现严谨性、条理性、逻辑性，以及对真理的尊崇和追求。但科学精神并不排斥人文精神的扩展，标志性建筑同样要体现对人的情感、需要的尊重，体现对人生的关怀。国内外高校的标志性建筑中虽不乏用现代化材料和手段来体现科学对自然胜利的主题，但也不乏体现高科技时代人与自然和谐共处的主题。

三是要体现集体精神和弘扬个性的统一。我们应清醒地认识到集体主义是社会主义阶段的道德要求和价值取向，所以在标志性建筑中要充分体现集体主义精神。但随着社会的不断发展，完善的人格同样也是高校师生的追求，他们希望个人被尊重，个性得到发展。把握好这两者是高校校园文化建设的重要课题。上海交通大学闵行校区"人"字形大斜坡门景堪称典范作品，它既寓意对个体的尊重，又寓意只有融千百万个人之力量才能实现全人类的梦想。同样，闵行校区内超大规模的船型学生宿舍设计也体现了这一思想，它寓意千百万个个体汇成一艘巨船，在知识和人生的海洋里前行。入夜时分，每个寝室的点点灯火汇成的"巨舰"在夜色中蔚然壮观，这样的建筑不失为高校校园一流的文化作品。

2.学习区的文化场景设计

学习区主要指教室、实验室、图书馆及其附近区域。创造一个文明高雅的学习区文化，是高校校园文化建设的重要内容。高校师生只要置身其中，就能感受到这种特定文化对其思想、心理、行为的影响，产生由"观景入情"至"由情入理"，由"形象思维"到"理性思维"的升华。

学习区文化场景设计应体现恬静优雅和治学严谨的文化主题。具体说来，一是要创造优良的学习环境。教室、阅览室、实验室都要在"整""洁""静""雅"四个字上下功夫，给人以自然美和艺术美的享受，只有身心愉快，高质高效的学习和教学才有可能。二是要创设治学严谨和知难而上的求学氛围。一般来说，这种氛围的营造主要通过选择合适的名人名言，以字画的形式布置在学习区之中，给人以智慧和人格的力量震慑。倘若学生在不认真学习时映入眼帘的是"业精于勤，荒于嬉；行成于思，毁于随"的字幅，在学习遇到挫折时看到的是"一个人无论处在什么样的环境里，总可以通过自己的不懈努力达到比较完善的境界"的至理名言，他们肯定会有不小的教益。值得注意的是，学习区文化氛围的创设应把握好针对性，不同院校、学科、专业在内容选择上应有所区别，切不可千篇一律。

3.生活区的文化场景设计

生活区是广大高校师生休闲、生活的场所和区域。生活区同样是校园文化建设的重要阵地，有其独特而不可替代的功能，它能以潜移默化的道德渗透、修身养性的心理优化、无声浸润的审美养成来达到对高校师生特别是高校学生素质的全面提高。生活区的文化场景设计要注意以下几点：

一是要有利于高校师生的道德自律。生活区的文化场景设计应体现集体主义精神，培养高校师生的集体认同感。错落有致的园区建筑组合、遥相呼应的景致较能体现上述要求。场景设计要体现整齐划一与气韵生动的结合、整洁有序与生命节律的统一、自然观与人工重组的一致，只有做到这些，才能使高校师生在耳濡目染中形成良好的道德观念，养成良好的道德行为。所以，要注意提高生活区的文化品位，注重文化场景的道德暗示，哪怕是一只小巧别致的废物箱、一群悠闲觅食的鸽子，都能给广大高校师生以无形的道德约束力和感染力。

二是要有利于高校师生的心理优化。当前人们所处的是一个充满竞争和压力的社会，也是一个变幻莫测、飞速发展的时代，人们的心理问题日益突出，高校师生也不例外。生活区的文化场景设计应有助于高校师生的心理优化，即通过审美、娱乐、竞技等方式来调节心理，促进人格的完善。在此方面，应注意两点：其一，应注意营造恬静优美的环境，使人能在宿舍区、就餐区、休息区感受到温馨、柔美的文化气息，缓解由学习、工作带来的心理紧张和压力，调整心理状态；其二，应借助充满动感和活力的景点和物件设置，来引导个体成员达到宣泄负面情绪、摆脱心理困境的目的。

三是要有利于提高高校师生的审美自觉。高校校园文化的高层次表现之一就是高校师生具有较高的审美情趣。在生活区中，高校师生处于比较平静、悠闲的状态中，适合开展审美活动。文化场景品位的高雅、布局的合理美观，不仅直接给人以愉悦，也间接给人以"润物细无声"的审美熏陶。由于这种影响是日复一日的重复刺激，具有极深刻的影响，故场景设计要用心，做到匠心独运，一花一木、一景一物都要一丝不苟。许多名牌大学的生活区均以"园"命名，并以中国古典园林的标准来营造，如北京大学的"朗润园"，上海交通大学的"留园"，均以较浑厚的文化底蕴和精美的场景发挥着较好的美育作用，成为校园的别致景观。

4.娱乐区的文化场景设计

娱乐区是指开展文化、艺术、体育活动的区域和场所，它包括礼堂、活动中心、体育场馆等。娱乐区的文化场景既是文化，也是艺术，同时也是开展各种娱乐活动必不可少的重要依托。

娱乐区的文化场景设计要注意三点：一是要体现思想性。各种文化、艺术、体育活动的开展，不能只是为娱乐而娱乐，应有一定的思想教育内容融入其中，这是高校校园文化建设的内在要求。比如：复旦大学近年来为拓宽学生视野，开辟了一系列文化讲座——"发展论坛"，学者云集，中外人士纷纷走上讲台，使学生受益匪浅；在同济大学近年来全校性的歌咏比赛中，校系两级领导都是百分之百地登台演唱，这种活动形式本身就是一种教育。二是要体现活泼性。娱乐区的建筑要设计活泼、外观新颖、风格别致、色彩丰富。三是要体现针对性。不同的高校有不同的学科背景和物质资源，而且高校师生的实际需要也不尽相同，娱乐区的建设要从实际出发，因地制宜，体现特色。

（二）高校校园文化中的精神文化建设

精神文化是高校校园文化中的观念形态，集中体现了高校校园精神。高校校园精神文化的特点是：其一，高校校园精神文化以物质文化为基础，并通过一定的物质存在来表达；其二，高校校园精神文化对物质文化具有明显的反作用，能促进物质文化的建设；其三，高校校园精神文化具有相对稳定性，其稳定程度与学校历史的时延成正比。一所高校的文化不是一朝一夕形成的，而是在各个时期由高校师生共同创造，并在漫长的历史演进中不断地积累、提炼、沉淀下来的。高校历史越长，积累就越深厚，文化就越稳定，也越具有个性。

1.共创现代高校校园精神，营造良好的高校校园文化氛围

高校校园精神是全体师生的精神面貌，它具体体现在学风、教风、领导作风等各个方面。良好的高校校园精神能催人向善向上、奋发进取、开拓创新，是一种无形的巨大的推动力量。因此，创建良好的高校校园精神是高校校园文化建设的核心。

（1）精心打造主体文化作品

高校校园精神正是通过一系列主体文化作品（如校训、校歌等）的设计和创造来表达的。主体文化作品含义丰富、影响深远，必须集思广益，精心打造。

（2）唱响高校校园文化的主旋律

新时代高校校园文化建设必须坚持以习近平新时代中国特色社会主义思想为指导，全面贯彻党的教育方针，以理想信念教育为核心，以爱国主义教育为重点，以基本道德规范为基础，弘扬社会主义先进文化，把校园文化建设的出发点和落脚点放在培养德智体美劳全面发展的社会主义建设者和接班人上。

（3）培养爱国爱校的家园情感

爱国爱校、团结一心是全校师生的精神支柱，培养爱国爱校的家园情感，增强全体师生的凝聚力是创建良好高校校园精神的关键。高校要通过爱国主义教育，让广大高校师生了解中国在世界之林的位置，牢记优秀的文化传统，找到振兴中华的正确道路，增强民族自尊心和自豪感，培养富国强民、振兴中华的使命感和责任感。高校还要把爱校教育与爱国教育相结合，引导高校师生从爱校做起，把爱国主义落到实处；通过爱校教育使广大高校师生了解学校的历史和现状，明确学校的发展目标，珍惜学校的荣誉，鼓舞斗志，共创学校的美好未来。

（4）倡导树立远大的理想

远大的理想是高校师生学习、工作的强大精神动力，树立远大的理想、强化成才意识是创建良好高校校园精神的重点。创建良好的高校校园精神，应使广大高校师生把个人理想与学校发展目标、国家前途和民族命运密切地联系起来，明确近期理想、中期理想、远期理想，把理想落到实处。高校还应该把树立理想与创造成才条件相结合，为广大学生的成长成才创造有利的条件。

（5）共建文明校风

文明的校风是良好高校校园精神的具体体现。要创建良好的高校校园精神，就应该建设文明的校风，即形成求真务实、民主高效的领导作风，言传身教、为人师表的教学作风，勤奋好学、不耻下问的学习风气，热爱科学、勇于创造的学术风气。在建设文明校风的同时，高校还必须注意优化校园文化个性。

2.大力开展各种校园文化活动，充分发挥第二课堂的育人作用

高校校园文化活动是高校校园文化建设的重要内容，是高校校园文化结构中最生动、最活跃、最丰富的部分，同时也是高校学生素质拓展的重要载体，是培养优秀人才的重要途径。为了弥补第一课堂的不足，必须适时抓住新生入学、学生党建、重大纪念日、创优评优等关键点，开展丰富多彩的主题教育活动，与第一课堂形成优势互补，发挥第二课堂独特的育人功效。

（1）新生入学教育中的文化传承

新生入学教育是高校校园文化对新生的第一次大展示，也是学生接受高校校园文化影响的第一步。通过了解校史、专业，与优秀教师、高年级同学进行交流，参加迎新联欢活动等，刚刚进入校园的新生接受特定的高校校园文化的熏陶。

（2）学生党建工作中的文化激励

学生党建工作是高校校园文化建设的又一关键节点。高校要通过选苗、培养、考察、审批等一系列环节，把一批优秀学生吸收到党内来。与此同时，高校还要通过各种形式的主题教育活动，发挥他们在校园中的模范带头作用。近年来，高校校园中出现了入党答辩、佩戴党员徽章等形式新颖的主题教育活动，达到了既教育党员又辐射群众的功效，给高校校园文化注入了活力。

（3）重大纪念日的文化引导

利用重大纪念日开展主题鲜明、寓教于乐的文化活动，是进行高校校园文化建设的良好形式。高校可以在各个重大纪念日，以拓展知识、提高能力、完善素质、陶冶情操为宗旨，以校级活动为示范，以院部活动为重点，以社团及班级活动为基础，以师生文艺团队建设为切入点，大力开展内容丰富、格调高雅的校园文化活动，营造出积极向上、生动活泼的校园文化氛围。

（4）创优评优活动中的文化导向

在高校校园中开展创优评优活动也是高校校园文化建设的重要途径。"榜样的力量是无穷的"，高校可以通过树立一个个生活在身边的典型，使广大高校师生学有榜样、赶有目标，营造积极向上的高校校园文化氛围。近年来，一些高校还开展了校园"十大新闻人物""十大学生标兵""我最爱的十位老师"等评选活动，效果显著。

（5）学生社团发展中的文化培养

高校学生社团是学生自我教育、自我管理、自我服务的有效形式，是高校校园文化活动的重要载体。学生社团开展的活动具有自主性、灵活性、广泛性等特点，有利于学生特长的发挥和个性的发展，符合素质教育的要求。随着高等教育改革的深入和社会主义市场经济体制的确立，高校学生社团进入了蓬勃发展的黄金时期，不少高校的常年注册社团达到几十个，社团成员占在校学生的近二分之一，社团活动十分丰富，异彩纷呈。学生社团的发展壮大，使其在丰富高校校园生活、培养学生的兴趣爱好、扩大学生的求知领域、锻炼学生的交往能力、丰富学生的内心世界、传承高校校园文化等方面的作用日益凸现，其已经成为高校校园文化建设的主要途径之一。

（6）学生毕业教育中的文化发展

在学生告别高校校园即将踏入社会之际，对毕业生实施教育收益明显。不少高校在毕业生离校之际，举行"毕业生告别校园仪式"，领导、教师、学生及家长纷纷寄语毕业生，广大毕业生面对母校真诚宣誓："维护母校荣誉，牢记师长嘱托……"此情此景着实令许多师生动容，广大毕业生也会被这种庄严而浓重的育人气氛感染，终生难忘。毕业生告别高校校园是高校校园文化建设的重要环节，抓住这一重要环节进行生动活泼的主题教育活动，不仅有利于毕业生校园人格的社会化，而且能给在校学生以鞭策和鼓舞。

第四节　高校专业教学计划的内容与编制

作为高校办学基础和教育教学基本单位的专业，是高校中相对独立的、培养专门人才的教育教学实体。专业的教学工作，是一种有目的、有计划、有组织地开展教育教学活动，实现人才培养目标的统一工程，而且会受到多种因素的综合作用。

如果将专业的教学工作看作一个系统，其主要构成要素包括教学条件、教学建设、教学管理以及教学效果等四个方面。专业与学校之间具有局部与整体的关系，局部受整体的影响，但是又不同于整体。所以，专业的教学工作虽然与学校整体教学工作基本相同，但是两者在范围、要求以及侧重点上都有明显的不同。

专业确定以后，专业的教学内容就主要体现在专业教学计划或培养计划中。专业教学计划是用来指导专业教学工作的，它体现了国家培养某种专门人才的目标、规格与质量要求，反映了专业教学的客观规律。因此，专业教学计划是组织专业教学过程的主要依据，是培养专门人才的设计蓝图。

一、专业教学计划的内容

高校专业教学计划的主要组成部分是课程设置。课程及其开设顺序，构成了学生为达到培养目标所应当学习的基本内容体系或者课程结构体系。除了课程设置，高校专业教学计划还应当包括下列内容：

第一，主要教学形式（或称为教学环节），包括每门课程的教学形式，如课程讲授、课堂讨论、习题课、实验课、考试、学年论文或课程设计，以及其他教学形式，如教学实习、生产实习、生活实践、军训、毕业论文或毕业设计等。

第二，时间分配，包括每门课程每学期、每周按教学形式所分配的学时（学分）及其总学时（学分）数，每个专业按照每学期、每周所分配的学时（学分）及其总学时（学分）数等。

第三，学年编制，包括学年与学期的起讫，上课、考试、各种实习活动、生产劳动、科研训练以及假期的周数及其起讫。

实行学分制的学校，为了确保教学质量，使学生获得成才所必需的基本知识结构，应对学生的选课自由给予必要的指导和限制，制订出各个专业的指导性教学计划。学分制指导性教学计划与学年制固定式教学计划在形式上基本类似，但其课程的设置是柔性的，课程体系的结构是横向的，结构模式为必修课-选修课。

二、专业教学计划的编制原则

（一）专业教学计划的编制必须符合专业培养目标

专业培养目标是根据国家的教育方针与教育目的，结合专业特点所制定的，并通过专业教学计划来实现。所以，专业教学计划首先必须正确处理学生的政治与业务、学习与健康的关系，使学生在德智体美劳诸方面都得到可持续发展。在重视学生业务学习的同时，加强对学生的德育、体育、美育和劳育是十分必要的。在专业教学计划中，应当安排政治理论课程、思想品德教育课程和体育课程，并安排一定的生产劳动。其次，社会主义现代化建设人才必须是理论与实践相统一的人才。专业教学计划要在加强理论学习的同时，充分重视实践性的教学环节，实验、实习、社会调查或采风等应当在专业教学计划中占有适当的比例和位置。最后，专业教学计划应当充分体现创新精神和独立工作能力的培养。随着年级的升高，高校应当逐步增加学生的自学时间，并将科学研究引入教学过程，在专业教学计划中设置一定的学年论文或课程设计等。本科专业教学计划还要安排一定时间，进行毕业论文或者毕业设计等科研训练。

（二）专业教学计划必须具有完整性与系统性

专业教学计划是以其整体来体现教育目的和专业培养目标的。在专业教学计划中，课程之间存在着密切的联系，基础课和专业课、必修课和选修课、理论课和实践课等要具有合理的比例。专业教学计划的完整性与系统性，还体现在课程之间的"纵向顺序"和"横向联系"上。"纵向顺序"是指课程的先行以及后续顺序，如基础课一般要先于专业课，理论课要先于实践课。"横向联系"是指各门课程在教学内容上应当紧密配合，避免重复或者脱节。应当强调的是，专业教学计划所列的每一门课程都有其一定的重要地位，都是为专业培养目标服务的，都是专业教学计划中不可或缺的有机组成部分。

（三）专业教学计划必须合理地分配教学时数

合理地分配各个学期的教学时数，是保证教学质量与照顾学生学习负担的关键。课程的教学时数分配一般应当根据课程的教育意义、在专业培养时的教学任务、课程内容的多少和难度、课程教学法的特点等诸方面的情况来考虑。例如，思想政治理论课在培养人才上具有极其重要的教育意义，在专业教学计划中应当占有一定的比重；一些重要的基础课一般课时比较多，因为这些课程需要较多的课堂练习或者实验。考虑到学生的学习负担，每周课内外学时一般要控制在 40 小时以内，其中课内学时一般要控制在每周 20 小时以内。

（四）专业教学计划必须具有相对的统一性、稳定性和一定的灵活性

专业教学计划是用来指导专业教学工作的，其基本内容和要求应当具有统一性，以实现专业培养目标。对于各类课程、各种教学环节的配比，都应当采取科学、认真的态度，力求统一，而不应凭主观意志任意增减，甚至因人设课，凭权力抢课时，不适当消减其他课课时。

专业教学计划是学校组织和管理教学的基础，需要保持相对的稳定性，一般应当保证一个周期（本科四年）不变，否则会打乱教学的计划性，导致教学秩序的不稳定。一般来说，专业教学计划一经制订就要坚持执行，至少在一届学生从入学到毕业的整个过程中保持稳定，不轻易改变。但是，由于各个专业都有其特点，应当在统一、稳定的原则下，允许有一定程度的灵活性。

三、专业教学计划的编制流程

第一，拟定专业教学计划指导书。根据专业培养目标和规格、社会对专业的需求，提出专业教学计划指导意见。

第二，各院（系）制订、申报专业教学计划。根据专业教学计划指导书，组织院（系）内外有关专家在充分调研的基础上，制订专业教学计划；经院（系）领导修改、签字，按时上报学校教务处。

第三，初步审核。教务处教研科汇总各专业教学计划，进行初审。若形式不规范、不合格，则可将其退回原院（系）进行修改。

第四，组织学校专家审核通过。若有问题，则可进一步修改、完善。经校领导审批、签字后，由教务处教研科汇总，输入教务管理系统，并打印成册，供教学运行科执行。

第六章　高校学生社团的建设与管理

第一节　高校学生社团分析

高校学生社团是一个伴随我国现代高等教育的发展而产生、发展的校园文化现象。随着参加者的不断增加,高校学生社团的文化意义愈加突出。分析高校学生社团的概念、兴起原因、积极变化、发展趋势、功能等,对于有效指导高校学生社团沿着健康方向发展、推动高教事业发展、繁荣校园科技文化具有重要意义。

一、高校学生社团的概念

社团是一个社会学、管理学、心理学、文化学和教育学均予以关注的社会组织和群体文化现象。社团概念的界定有其深远的渊源。

美国当代社会学家彼得·布劳(Peter Blau)提出了"社团互益说",即社团是一种具有互益特征的组织,社团的根本特性就是它的互益性。英国协会管理学家斯坦利·海曼(Stanley Hyman)提出了"共同特征说",认为所有协会都应具有以下共同特征:一是成员致力于某些共同目标,二是经费不仰仗于官方,三是首要目标不在于获取最大利润,四是成员有随时退出的自由。

现在比较流行的概念是"多维界定说",即社团就是具有某些共同特征的人相聚而成的互益组织,具有非营利和民间化两种基本组织特征。

基于上述思路,笔者认为,高校学生社团是高校学生出于兴趣、爱好、特长,或基于理想、责任、信念,为实现共同目标倡导创建的,以特定方式组织起来的群众性团体,具有非营利和民间化两种基本的组织特征。

学生社团已经成为当代高校校园文化建设的重要载体,是学生思想政治教育工作的又一重要渠道,同时还是学生自我教育、自我管理、自我服务的重要依托,是当代中国高校重要的课外教育资源之一。

从社会发展来看，改革越是深入，经济越是发展，社会越是进步，越是尊重个人的选择自由，越能促进个人的全面发展。高校学生组织社团活动，是依照法律关于结社自由的规定享有的文化生活权利。

青年学生崇尚科学、民主，追求自由、进步，组建学生社团、加入社团是学生行使宪法赋予的神圣权利的体现。从人才培养上看，目前高校的教育理念和人才培养观念发生了深刻的变革，由"专才"教育向"通识"教育改变，由应试教育向素质教育转变，要求培养出的学生基础扎实、知识面宽、素质全面，具有良好的团队精神、创新精神和创业能力，具备较为健全的思想道德素质、科学文化素质、学科专业素质、身体心理素质。为适应这一需求，高校学生积极主动加入学生社团，通过社团活动来展现自己、发展自己、完善自己，培养自己各方面的能力和素质。

二、高校学生社团的兴起和发展原因与积极变化

（一）高校学生社团的兴起和发展原因

高校学生社团的兴起有着深刻的时代背景和思想根源，它是社会发展与高教改革互动的产物，是青年学生张扬个性、追求进步、渴望成才的结果，也是民主、进步、开放、革新的标志。经济成分和经济利益多样化、社会生活方式多样化、社会组织形式多样化、就业岗位和就业形式多样化，以及由此产生的高校学生在思想观念、知识需求、行为方式等方面的差异，是高校学生社团产生和发展的现实基础。

高校学生社团的兴起也有高校学生群体的特殊原因。从年龄上看，高校学生刚刚步入成年，渴望成人式的交往接触，需要扩大各类群体活动的参与范围；从心理上看，高校学生独立自主意识增强，他们的自我设计愿望、主动自律要求、独立倾向随着年龄的增长而增强，希望通过自己的观察理解来分析和解决问题，力图通过自发组织和参与活动，支配人生，发展个性；从文化上看，高校学生不满足于专业知识，为追求文化的高品位和丰富性，把社团活动作为专业学习之余提高自己文化素养的最好温床；从生活上看，高校学生教室、食堂、宿舍三点一线式的生活令其感到单调，因此他们努力开辟能够自主开展活动且自己喜欢的天地。

20 世纪 80 年代以来，高校学生社团随着改革开放的大潮一起迅速成长壮大。近年来，随着中国改革开放的深入，经济社会的全面进步，社会主义市场经济体制的逐步完善，以及高等教育改革力度的加大，学生考核培养标准将社团因素纳入综合素质培养范畴，使得高校学生社团无论从数量还是质量上均进入蓬勃发展的黄金时期，给高校校园科技文化等方面增添了无限生机与活力。

（二）高校学生社团的积极变化

在当代，高校学生社团以其自主性强、机制灵活、活动丰富、覆盖面广等特点，日益受到广大青年学生的欢迎，并如雨后春笋般蓬勃发展，社团会员人数不断增加，成为高校引人瞩目的一道亮丽风景线。在普通综合性大学，社团人数已达到在校学生数量的50％以上，可谓"二分天下有其一"，学生社团已成为高校学生教育管理的一支重要依靠力量。高校学生社团的建立及其活动也呈现出一系列积极的变化。

三、高校学生社团的发展趋势

（一）地缘型向志趣型的转变

过去以地域相同而组成的同乡会之类的学生社团较为普遍，现在随着高校招生范围的扩大，交通方式的现代化，学生的地域观念已趋于淡化，加之同乡会的封闭性和排他性，对学生的社会化形成阻碍，以同乡会的形式寄托乡情、发展友谊、开展活动的方式已逐渐不为学生所看重。越来越多的学生注重以志趣结社，社团成员之间打破了地域界限，相互砥砺，建立友谊，发展志趣。

（二）单一型向多元型的扩展

高校传统的学生社团集中在学习类和文体类,相对而言较为单一。随着社会的变革、人们价值取向的多元化，以及社会对高校学生素质要求的多元化，高校学生关注的目光已由"聚焦式"转为"扩散式"，他们力图突破学生社团传统的构架，有所创新，有所拓展，以便全方位地展现自我，凸显人生价值。一大批新型学生社团应运而生，如：以深入研究为基调的理论研究会，以培养科研能力和动手能力为目标的科技协会，以传播精神文明、培养服务能力为主体的志愿者服务队，以宣扬科学的可持续发展观、促进人与自然协调发展为宗旨的环境保护协会，以奉献社会、关爱他人为口号的爱心协会，以关注心理健康、丰富内心世界为宗旨的心理协会，等等。

（三）人文型向科技型的升华

过去的学生社团大多注重人文知识的积累和人文精神的熏陶，满足于人文氛围的营造及对校园文化的充实。随着科技的发展和社会进步，高校学生逐渐意识到自身对科技发展的责任，意识到自己不仅要有丰富的知识，而且要具备运用知识发现问题、解决问题的能力。因此，他们不再满足于社团活动的文化层面，而是注重用科学精神以及科学研究充实学生社团的文化深层，以此促使自己成才。于是，高校中的各类科技协会、科研小组、创业协会和利用所学专业知识为社会服务的学生社团广泛兴起。

（四）校园型向社会型的拓展

过去，高校学生社团活动的区域是以校园为主的。但是，随着高等教育的开放度不断加大，高校的国际化程度不断加深、社会化广度不断扩大，培养具有国际竞争能力的人才目标与社会需求日趋一致，这在客观上要求对高校学生的培养必须开放，高校社团也变得更加开放、活跃。高校学生就业实行双向选择制，使高校学生认识到在校期间要尽可能多地接触社会、了解社会，培养各方面的社会技能，缩小校园与社会距离，以便将来能够尽快适应社会。因此，高校学生社团的活动内容和方式不再局限于校园，其敏感的触须已伸向社会的各个角落。家教协会、志愿者服务团、专业服务队等学生社团已经成为高校学生与社会保持联系的常规载体。一些高校的学生科技协会、文化服务团体也在力求获取社会资助，以学校周边社区作为活动基地和发展依托。校园与社会相结合的学生社团正呈现蓬勃的生命力。

四、高校学生社团的功能及容易出现的负面效应

（一）高校学生社团的功能

高校学生社团是一支极为活跃的队伍，尽管它总是处于不太稳定的调整状态，甚至处于不断的分化组合之中，但由于其能够适应学生的需求，开展活动的思路和方法亦能

切合学生的特点，因此在学生中的作用较大。高校学生社团的正向功能大致体现在以下几方面：

1.高校学生社团的群体凝聚功能

由于高校学生社团依靠成员之间的友谊、信任、推崇而建立，具有能够满足成员某一方面需要的特点，有着为学生乐意接受的灵活多样的活动方式，因此它对于拥有某一共同特长的学生群体具有较强的凝聚力，也是学生发展友谊、寄托情感、发展个性的良好场所。

2.高校学生社团的自我教育功能

高校学生社团中的思想教育相对于正式群体活动具有明确的目的性和导向性而言，更多地体现了学生的自发要求，隐伏于学生乐意接受的生动形式之中，因此颇具潜移默化的效用。另外，学生积极主动参与社团活动，对于培养组织管理能力、团结协作能力、口头表达能力、书面写作能力、开拓创新能力，都将起到促进作用，而这些都是在自主自发中完成的。

3.高校学生社团的个性张扬功能

高校学生社团的活动，与一般的校园文化活动偏重同化、强调共性有着极大的不同，它以适应学生个人的爱好、特长为主，为学生在某一方面展示自我、发展自我提供空间，并且能够通过成员间的相互影响，巩固和发展学生的爱好、特长，同时有利于促进具有个性特点的志向、品格、意志、情趣的形成。

4.高校学生社团的社会适应功能

21世纪需要的人才必须拥有多方面的知识技能，善于人际交往，有较强的社会适应性。学生社团适应了这一社会需求，不仅其组织本身为学生提供了锻炼技能、增进交往的机会，而且其活动内容和方式与社会接轨，也为学生认识和了解社会、增强社会适应能力、促进自身社会化等提供了良好的机会。

5.高校学生社团的文化再殖功能

高校学生社团具有独特的组织和表现形式，还具有对校园文化的再殖功能：一是将第一课堂和第二课堂的内容和形式综合连接为一体，成为专业学习与课余兴趣有机连接的枢纽；二是不断拓展其社会功能，力求与社会文化接轨、融合，并对社会发挥反作用力。学生社团这种潜在的文化再殖功能，必将给高校的建设与发展带来颇有影响的冲击波。

6.高校学生社团的学生骨干培养功能

由于高校的大部分学生社团是学生自发组织成立的,学生社团的主要负责人都具有实干精神、较高的工作热情和较强的组织管理能力,是学生骨干队伍的重要力量。随着学生社团的不断增多,不少高校开始重视这支力量,并把对学生社团主要干部的培养摆在重要地位,以延长学校党团组织工作的手臂,充分发挥学生社团的作用。

（二）高校学生社团容易出现的负面效应

从高校学生社团建设的现状看,其正向功能占据主流,但其容易出现的负面效应亦不可小视,主要包括:

1.易形成狭隘的本位主义思想

高校学生社团有很强的凝聚力,社团内部成员认同感很强,若不加以正确引导,则易形成"小集团意识""山头思想",从而对社团的横向联系和长远发展产生一定的消极影响。

2.易与正式团体抵触

高校的共青团、学生会是得到党和政府以及学校认可、支持的正式组织,其历史悠久、机构健全、组织严密,在学生中的威信很高。学生社团作为非正式群体在发展壮大的过程中,经常与正式群体争抢人员、场地等资源,争抢活动项目,易出现不服从正式组织管理、协调的现象。

3.易在活动上出现偏差

高校学生社团自主性强的特性,易使社团在原则性、方向性等问题上出现漏洞。由于社团负责人认识水平的限制、社会思潮的冲击以及学校管理机制的不完善,在社会不稳定及各种思潮交织出现的时候,社团在活动内容上易失去正确方向,也容易被别有用心的组织和个人利用,严重的会妨碍学生的健康成长,给学校的教育工作带来不良影响。

五、高校学生社团的地位

学生社团是高校校园文化的重要载体,加入学生社团,是学生丰富校园生活、培养兴趣爱好、参与学校活动、扩大求知领域、增加交友范围、丰富内心世界的重要方式。学生社团是高校育人的有效途径,对于营造学校的文化氛围、构筑学校的历史传统都有着重要意义。

（一）高校学生社团是开展思想政治教育工作的重要渠道

进入 21 世纪以来，伴随着科学技术的迅猛发展，世界政治多极化、经济全球化、文化多元化、社会信息化构成了当今世界波澜壮阔、色彩斑斓的壮丽图景。在这个社会不断变革的时代，高等教育面临许多新的问题，特别是高校的思想政治教育工作面临着严峻挑战。面对新形势、新情况，高校思想政治教育工作在继承与发扬传统的基础上，必须在内容、形式、方法、手段、机制等方面努力进行创新和改进，特别是要在增强时代感，加强针对性、时效性、主动性上下功夫。学生社团的发展壮大，为新时期高校思想政治教育工作创新提供了契机。与传统的思想政治教育工作渠道相比，利用学生社团开展思想政治教育工作的独特优势如下：

1.高校学生社团具有组织覆盖的优势

一是学生社团类型齐全。学生社团涵盖了政治理论、学术科技、文化艺术、社会实践、体育娱乐等高校学生学习和生活的方方面面，数量较大，且呈迅速扩张之势。二是学生社团规模庞大、分布广泛，横跨高校的各个院系、各个专业、各幢公寓。利用社团开展思想政治教育工作可以将触角延伸到校园的每个角落，与共青团、学生会等正式组织优势互补、相得益彰。

2.高校学生社团具有自主教育的优势

由于学生社团是自发组织的群众团体，学生自主自愿参加，因共同的兴趣爱好而集合，因而社团内部有极强的凝聚力、感召力，在学生教育、管理方面的优势十分明显。学生社团之间、社团与学生会之间竞争激烈，社团优胜劣汰机制天然存在，社团的生存意识、发展意识较为强烈，驱使学生社团以活动求生存，以活动求发展，以活动求声誉，自办活动的积极性普遍高于学生会组织。

3.高校学生社团具有机制灵活的优势

与共青团、学生会等"半官方"群体组织相比，高校学生社团是"纯民间"群众组织，其自由度大、灵活性强，开展活动审批环节少、动作迅速，会员往往招之即来，来之能战。

（二）高校学生社团是推进校园文化建设的重要载体

营造健康向上的校园文化对学生的健康发展、培养具有良好素质的合格人才具有重要的促进作用，有什么样的校园文化，就可能造就什么样的人才。高校学生社团在丰富校园文化生活、活跃校园文化氛围、创建校园精神文明、培育高校精神方面发挥着不可替代的作用。学生社团是高校校园文化的一道重要风景线，尽管各校的社团千差万别，但它们对本校校园文化的认同、继承、创新却是一致的。由于个性的差异，青年学生可能参加这样的社团而不参加那样的社团，也可能既参加这样的社团，也参加许多不同类别的其他社团。学生参加各种各样的社团活动，甚至成为社团中主要的领导者或骨干，也有着许多不同的动机需求。但需要指出的是，学生的参与行为至少体现了他们的价值取向与文化取向，他们赞同什么、关注什么，都在参与行为中得到了明确的展示。应当说，青年学生是把社团作为自己成长的摇篮来看待的。社团既是他们各种知识的"练兵场"，又是他们人际交往的"实训室"。在这里，他们增长了知识，锻炼了才干，丰富了自己的人生经验，打上了一所学校特有的文化烙印。

目前，各高校学生社团建设发展已步入数量扩张与质量提升并举并重的良好阶段，学生社团都在想方设法上规模、提水平、创品牌、求发展、出成效，这就给校园文化的发展和繁荣提供了很好的组织依托和群众基础。

1.为充实学生的课余文化生活创造了条件

高校学生是校园文化建设的主体，丰富多彩、形式多样的社团活动是校园文化建设的手段，能够充实学生的课余文化生活。大量学生参加社团活动，使校园文化建设充满生机与活力。

2.为培养学生的精神风貌创造了条件

大量社团活动的开展，有利于把学生吸引到健康发展的道路上来，避免部分学生因无所事事而从事一些对自身发展不利的活动，从而有利于学校的稳定和发展，对正确引导学生，培养他们健康、积极向上的精神风貌有极大的促进作用。

3.为陶冶学生情操创造了条件

作为广大学生紧张学习之余良好的活动和休息场所，社团有利于开发学生的思维和智力，为学生更好地学习专业知识创造条件，从而使学生既学到了知识，又陶冶了情操。

4.为调节学生心理健康营造了氛围

大量学生参加社团活动，对极少数性格孤僻、有心理障碍的学生能起到一种引导的作用，使他们也能加入群体中来，有利于促进其身心的健康发展，也使校园文化建设更富有朝气与活力。

5.为促进学生自我管理、自我教育创造了条件

高校学生社团良好的精神风貌，对高校精神文明建设起到推动作用，有利于高校各项工作顺利开展，从而使高校充分发挥育人职能，为我国社会主义现代化建设培养合格的人才。所以，高校健康高雅的校园文化的形成与学生社团活动是分不开的，学生社团通过开展形式多样、内容丰富、健康有益的多种活动，达到自我教育、自我管理、自我服务的目的，进而推动校园文化建设。同时，健康高雅的校园文化也为广大学生身心的健康发展提供了很好的条件，对激励广大学生积极向上，努力加强思想道德和文化知识修养，立志成才，也起到了推动作用。

（三）高校学生社团是加强学生管理的重要依托

随着高等教育改革的不断深入，完全学分制在高校中逐步推广，公寓社会化步伐不断加快，使传统的班级、宿舍作用的发挥受到严重影响，学生的教育管理链条中出现薄弱环节，受到严峻挑战。

改革开放以前，中国大学基本上实行的是学年制，学生的教育管理形成了学院—系—专业—班级的垂直体系，由于班级成员学习、生活、娱乐方面时间同步、安排一致，班级成为稳定的集体，班级是学校党团组织的战斗堡垒，是落实学校各项工作的先锋队。改革开放后，中国高等教育逐渐与国际接轨，完全学分制在中国高校稳步推行。学分制是人类高等教育几个世纪探索的有益成果。它有利于高校之间的资源共享，普及推广高等教育；有利于学科综合渗透，实施素质教育；有利于增强教师竞争意识，优化教学效果；也有利于因材施教，激发学生学习的主动性、独立性。但学分制影响教学计划的完整性、系统性，对学生学习过程的约束力减弱；同时，完全学分制也给以班级为基础的学生教育管理体系带来挑战。由于学生可以跨院系甚至跨校选课，可以提前或者推迟毕业，学生主动性、自由性大大增强，班级的概念被淡化，班级原有的团结人、凝聚人、熏陶人的功能被严重削弱，这对传统学生教育管理而言无异于釜底抽薪。

长期以来，高校学生宿舍的分布都是采用院系制，即一个系、一个班的学生相对集中地居住在一起，同居室的学生相互熟悉，便于管理。随着高校后勤改革的不断深入，学生公寓社会化是大势所趋。不少省（市）地方政府审时度势，纷纷设立"大学城""高

教园区""大学园区"，提供土地、政策等方面的优惠政策，调动社会资源，投资学校建设，缓解高校扩招后学生宿舍的紧张状况，满足学生不断提高的住宿标准要求。学生宿舍的居住标准、群体成员结构都发生了很大的变化，高校学生宿舍已由传统单一的大集体宿舍格局（每间六人以上）发展为目前四人间、两人间与普通大集体宿舍并存的格局，宿舍内部设施也各不相同。社会化的公寓目前还没有承担学生教育管理的职责，校外公寓离主体校园都有一定的距离，受本校学风、校风的影响较小，而受周边环境、公寓社区的影响较大。这使得传统的教育管理格局受到严重影响。

高校学生社团作为具有活力的学生组织，其发展如火如荼、方兴未艾，吸引了越来越多的学生加入，汇聚了各个方面的优秀人才，尤其社团骨干大都是学生中的"精英人物"，能量很大，在学生中的影响力及在未来社会的预期作为都不可小觑。无论是学生社团，还是社团骨干都是高校党团组织需要引导、吸纳、依靠的对象。在完全学分制逐步深化、公寓社会化步伐加快的背景下，充分利用学生社团的特点和优势，发挥其在教育育人、管理育人、服务育人等方面的独特作用，有效弥补学生教育管理方面的空当和不足，积极应对高等教育改革带来的挑战，无论在今天还是在将来对高等教育发展都有重要意义。

（四）高校学生社团是学生素质拓展的重要阵地

经济社会的加速发展和国际竞争的日趋激烈，以及自然科学与人文科学相互渗透与融合的大趋势，对 21 世纪人才的综合素质提出了更高的要求。高校学生已经认识到只有成为基础扎实、专业面宽、能力强、素质高的复合型人才，才能适应知识经济时代的挑战，而社团则为他们提供了广阔的空间，成为他们锻炼能力、提高素质的重要阵地。

1.高校学生社团活动有利于促进学生专业知识的学习

目前，很多高校学生社团发展有一个共同的特点，那就是各高校学生都根据本校的特点，组建了多种多样的与专业发展相一致的社团。例如：文科院校政治系有政治科学协会，教育系有教科社，中文系有小说协会；理工科院校机械系有汽车俱乐部，地理系有地理学会，计算机系有计算机协会，桥梁系有桥梁兴趣中心。这类专业社团通过作品交流、知识讲座、参观考察、专业实践、义务服务等活动，能使社团成员学到更多与专业相关的东西，或把专业知识运用于实践中，从而使所学知识不断得到巩固。所以，很多学生从学好自己的专业知识出发，在选择社团时往往首先加入专业性社团。与此同时，不少学生还会选择一些与专业学习联系不太密切但自己又很感兴趣的其他社团，以求通过有关活动的开展，开阔自己的视野，拓宽自己的知识面，学到更多从课本上学不到的东西。

2.高校学生社团活动有利于学生综合素质的培养

高校学生社团类型多样，广大学生根据自己的爱好而加入相应的社团，对于培养和锻炼自己的社会交往能力、组织管理能力、演讲与表达能力、实际动手能力等能起到积极的作用，这也是学生社团充满生机与活力的主要原因之一。随着改革开放的不断深入和社会主义市场经济体制的逐步完善，高校学生的主体意识、参与意识、竞争意识不断增强。他们纷纷寻找各自的舞台，积极参加各项社团活动，以求不断提高自己的综合素质，努力成为符合社会发展、满足社会需要的合格人才；同时，充分施展自己的才华，积极表现自己，得到师生的承认和赞赏，从而给自己树立一个良好的形象，为毕业后尽快适应社会创造有利条件。

3.高校学生社团活动有利于学生的社会化

经过40多年的改革开放和现代化建设，我国的社会发展取得了巨大的进展，发生了一系列的变化：社会结构日益复杂化，社会文化日益多元化，社会流动性不断增强，社会生活的内容与形式越来越丰富多样。社会发展的一系列事实与结果，使中国社会迅速从传统社会向现代社会转变。在社会转型时期，青年的社会化也开始面临新的任务，它要求青年人在自身社会化的过程中不断提高现代能力，大力培养现代素质，塑造新型的现代人格，以提高对现代社会的适应能力，满足未来社会发展的需要。而学生社团活动为青年学生全面社会化提供了良好的平台。一方面，高校社团之间的校际交流活动日趋活跃，它们联合策划、举办面向全省甚至全国的大型活动，既实现了高校社团的资源共享、优势互补，提升了社团的整体影响力和战斗力，又为社团成员展示自我、发展自我、扩大人际交往范围、增强社会适应能力提供了更为广阔的舞台；另一方面，高校学生社团正积极尝试走出校园，实现与周边企业、社区的双赢互动，投身开放式的社会实践活动，大力开展义务家教、法律援助、文艺演出、技术培训、家电维修、环保咨询等志愿服务活动，组织和带动社团成员走出象牙塔，提前感知社会，在社会的广阔舞台上经历风雨，在奉献社会的过程中推进自身的社会化进程。

六、高校学生社团的分类

高校学生社团是校园的文化纽带和桥梁，可以联系学校、学生和教师的情感，疏通学术交流渠道。高校学生社团活动的主要目的是交流信息、凝聚情感、扩大交往范围、提高素质、扩大影响。

（一）根据注册登记的活动范围进行分类

高校学生社团是学生自我教育、自我管理、自我服务的群众组织。根据目前我国高校社团活动的现状，学生社团主要以社团注册登记的活动范围进行分类，大致可以分为以下五种类型：政治理论型社团、学术型社团、文娱型社团、友谊型社团和服务型社团。

1.政治理论型社团

政治理论型社团是以成员的理想、信念、志向的相同为基础而建立起来的社团。这类社团有马克思主义研究会、社会改革理论研究会、中国发展战略研究会、"三个代表"研究会、延安精神研究会、毛泽东思想研究会、邓小平理论研究会等。政治理论型社团的成员有着共同的政治观点和政治态度，思想道德素质也大致处在同一水平上，以国际国内政治和社会问题为探讨内容。

2.学术型社团

学术型社团主要指以满足成员对知识的需求为基础，以提高学术水平和实践能力为共同目的而建立起来的，与专业学习、学术研究结合较紧的带有专业实践和多学科交流性质的社团。它又可分为以下两种类型：

（1）专业型社团

这类社团是紧紧围绕专业课，开展学术研讨、学术交流、学术咨询而结成的学术型社团，如生物学会、法学会、历史学会、哲学研究会、经济学会、电子协会、计算机协会、数学协会等。专业型社团的活动方式主要是定期或不定期地举办本专业或相近专业的讲座、报告会、社会调查等，参加人员主要是本专业的学生。

（2）研究型社团

这类社团是为了促进不同专业学术交流，开阔学生视野而结成的跨学科的学术型社团，如智力开发协会、学生科技协会、现代管理协会、民俗学社等。研究型社团的活动方式主要是通过理论研讨、学术交流、创办刊物等对一些理论问题进行探讨，活动层次较高。

3.文娱型社团

文娱型社团是以成员的兴趣相同为基础，为满足成员的精神生活需要而建立的非专业化的文化、艺术、体育等方面的学生社团。文娱型社团是高校学生社团的主体，数量大，类型多，主要包括：①体育型社团，如足球协会、武术协会、健美协会等；②文艺型社团，如大学生艺术团、舞蹈协会、音乐协会、铜管乐团、民族乐团等；③娱乐型社团，如大学生俱乐部、吉他协会、球迷协会、影迷协会等。

4.友谊型社团

友谊型社团是指以日积月累的深厚情感为基础而建立起来的社团，同学会、校友会、交友会等都属于此种类型。友谊型社团成员有相同的境遇和社会地位，相近的价值取向和生活情趣，彼此之间相互信任、理解和支持，有着深厚的情感和依恋之心。

5.服务型社团

服务型社团主要是以社会实践活动进行勤工助学或提供社会服务为内容的社团。服务型社团随着我国改革开放的不断深化在高校发展很快，主要有两种类型：

（1）专业技术服务型社团

专业技术服务型社团是与所学专业知识有关的服务型社团。这类社团的成员利用智力优势为社会提供服务，如家教服务中心、外语培训中心、家电维修中心、环境保护协会、法律咨询社等。

（2）劳务服务型社团

劳务服务型社团是以劳务输出为主的服务型社团。这类社团主要是组织学生开展各种形式的勤工助学行动、青年志愿者服务行动，为社会提供服务。

（二）根据特色进行分类

根据特色，高校学生社团可以分为以下类型：组织结构松散型社团、自发型社团、活动方式灵活型社团、社团成员广泛型社团、成员目标趋同型社团、行为规范自律型社团、人际交往型社团、动态型社团、活动内容广泛型社团。

1.组织结构松散型社团

这类学生社团作为一种群众组织，一般都具有组织结构松散的特点。学生只需报名登记或进行简单考试就可以加入社团，社团成员均可自由退出，不需办理像入党、入团那样较为复杂的手续，也不需进行严格的组织审查。

这类学生社团的组织规模大小不一，少则几个人，多则数千人，成员结构具有跨专业、跨院系、跨校的横向联系，成员往往既有专科生、本科生，也有研究生。

2.自发型社团

这类学生社团一般都是在学生自愿结合的基础上形成的，既不需要领导批准，也不需要社会的正式承认，完全是因为学生有共同的观念、兴趣、追求而自发组成的。

这类学生社团可能出现责任缺失的情况，因此需要引导其规范组织程序，借助社会规范与组织制度促进其健康发展。

3.活动方式灵活型社团

这类学生社团活动可以是虚拟的数字型的，也可以是实在的，还可以是虚实结合的；可以定期举办，也可以不定期举办。

这类学生社团在活动方式灵活的基础上形成，人员变化大，活动范围广，具有"不拘一格"的特点。政治理论型、学术型社团可以通过举办研讨会、演讲会、讲座、竞赛、展览、沙龙等活动组织学生交流思想、探讨问题、增长知识、拓宽视野；文娱型社团可以通过各种文体活动丰富学生的生活；服务型社团成员可多可少，社团活动可以在校内组织，也可以在校外组织，能够充分发挥成员的特长。

4.社团成员广泛型社团

这类学生社团属于活动内容丰富多彩的学生社团。社团可组织一些重大的活动，如大型文体活动、学术报告等，吸引众多的爱好者和热心者，产生较大的声势，在校内外产生较大的影响。

这类学生社团参加者的特点是来自不同年级、不同专业、不同层次、不同民族，有共同的目的。积极引导和发挥社团成员广泛型社团的组织优势，可更好地为广大学生提供广阔的课余发展空间。

5.成员目标趋同型社团

学生参与这类社团的主要原因是在兴趣、特长、观念等方面具有某种程度上的一致性，他们在社团活动中表现出极高的热情和主动性，这也正是这类社团总是能够不断吸纳有共同志趣的学生，得以持续发展的原因。

这类学生社团的特点主要集中在个体成员的目标趋向方面表现出的特质，即成员间通过聚合、统一，使群体目标逐渐走向统一，这是社团活动得以顺利开展的前提；同时，这类社团目标的趋同性又为个体成员能力的施展、素质的整合与提高提供了条件。

6.行为规范自律型社团

这类学生社团坚持常年正常、规律运转，其成员一直保持着自觉性、自律性。

这类学生社团的显著特点是有一套制度化的组织系统，或者其成员的自觉性、自律性程度较高，无须外在约束即可自觉履行社团义务。在一般情况下，这类社团有一定的社团行为规范。尽管社团的行为规范没有行政行为规范约束力强，但是由于成员具有较高的自觉性，因此可以实现自我控制、自我约束。

7.人际交往型社团

就活动内容与目的而言，这类学生社团以促进人际交往、获得感情认同为目的。

这类学生社团的特点是感情色彩浓郁，活动的空间距离不大，成员处于面对面的接触之中，感情交流频繁，社团的认同感、归属感比较强烈。直接的人际交往是这类学生社团得以存在和发展的重要保证。

8.动态型社团

这类学生社团一般组织形式不稳定，处于动态变化中。如果主要组织者毕业了，这类学生社团就会面临自然解散的可能。

这类学生社团成员较为广泛，合则聚，不合则散，感兴趣则加入，兴趣转移则退出。

9.活动内容广泛型社团

这类学生社团通常是具有广泛活动主题的社团，不拘泥于已有的知识体系、学科体系的约束，广泛开展以提高学生综合能力、课外与课内互济互补、培养一专多能人才的社团实践活动，通过社团活动锻炼其成员，以帮助他们适应社会发展。

这类学生社团的成员以培养自己的综合素质为目标，按照自己的兴趣和发展目标，开展学术研讨、科技发明、社会服务、文化娱乐、实践考察等一系列活动。同时，这类学生社团的活动紧密联系社会，其服务对象十分广泛，包括社会各阶层成员，活动内容也较为广泛，实现了公益性和商业性的结合，从而更好地促进了社团成员素质的提高。

第二节　高校学生社团建设与指导

一、高校学生社团建设发展的重点与难点分析

（一）高校学生社团建设发展的重点分析

1.对高校学生社团建设发展的政策定位

高校学生社团建设发展的重点之一是统一认识。如果一所高校没有在决策层面和整个校园文化中形成共识，进行政策定位，就不可能对学生社团形成恰当的认识定位。虽然高校学生社团的功能发挥不能仅依赖学校的重视度，但政策定位往往具有指挥棒意义。高校学生社团在学校政策的支持与指导下，其作用发挥会更显著。

2.高校学生社团建设发展的保障体系

高校学生社团需要物质支持。如果高校学生社团的活动经费、场地等严重不足，该社团的长期维系就比较困难。所以，相关主体应采取灵活且合法合理的方式对高校学生社团予以扶持，为其提供必要的活动经费、活动场所、活动时间和活动机会，不断促进其健康发展。同时，高校学生社团在活动中也须克服一味追求经济效益的情形，否则就会本末倒置，偏离活动的宗旨。

（二）高校学生社团建设发展的难点分析

1.高校学生社团建设发展的指导工作

高校学生社团缺乏具体全面的指导，社团活动层次有待提升。由于课外工作考评激励机制不健全，很多社团指导教师的积极性不高，对社团的扶持和培养不够，未能发挥应有的作用，导致社团活动的层次不高，主要体现为：一是不少学生社团为活动而活动，很多活动年复一年地举办，缺少创新；二是社团活动娱乐性较强，社团缺少立意深远、寓教于乐的活动；三是社团活动比较封闭，大多局限于社团内部或院系内部，面向全校、面向社会的大型活动较少。

2.高校学生社团建设发展的组织建设工作

高校学生社团建设发展的组织建设工作具有基础意义。高校学生社团往往被认为是

"民间组织"，其内部凝聚力、活动组织能力与社团负责人的能力相关，负责人综合素质高，社团感召力就强，社团活动也有声有色。由于社团是"铁打的营盘，流水的兵"，社团负责人的换届容易导致社团波浪式低位徘徊的局面。一些社团前几年的活动轰轰烈烈，但近几年却不声不响，很大原因是社团核心成员注重任内业绩，不关心下一代核心成员的培养，以至于一些核心成员毕业后，社团从此一蹶不振，甚至走向终结。

3.高校学生社团建设发展的制度建设工作

高校学生社团的规章制度不健全，势必会导致其管理机制松懈、组织不力。我国高校学生社团发展历史短暂，管理制度正在逐步完善，如果没有规范的社团制度，则往往会出现纸上谈兵、落实不到位等情形。同时，完善的规章制度可使学生社团负责人接受系统规范的组织才能训练，对于培养全面发展的人才具有现实意义。

高校学生社团规章制度的制定与完善，将使社团费用筹措及使用管理、社团活动的立项审批、社团的评估监督、社团资料的立卷归档等工作有序开展。

二、高校学生社团建设和指导的基本原则

不断发展壮大的学生社团是加强学生教育管理的组织依托，建设一支管理科学、规模宏大、结构合理的学生社团对高校学生教育管理具有重要意义。

（一）坚持育人为本的原则

"立德树人"是学校的根本任务，也是加强学生社团建设的根本目的。所以要始终把"立德树人"作为加强社团建设的出发点和落脚点，把社团建设和社团活动作为全面推进学校素质教育的有效途径，牢牢把握育人为本的原则。

（二）坚持确保稳定的原则

确保稳定是学生教育管理的重要任务。学生社团属于群众性组织，具有自发性、松散性等特点，如果不加强管理，就容易产生不安定因素，影响学校稳定乃至社会改革发展的大局。为此各社团的成立宗旨及各项活动必须符合党的教育方针，遵守国家的法律法规和学校的规章制度。

（三）坚持分类指导的原则

学生需求的多样化必然导致社团的多样化。对于各类社团，学校可以建立导师制，加大对学生社团的业务指导力度，提高社团活动质量，吸引更多学生加入社团，提高自身素质。

（四）坚持突出重点的原则

学生社团数量众多、发展迅猛，而学校所能投入的人力、物力、财力有限，因此必须根据学生成长的需要，结合各校的实际情况，重点扶持政治理论型、学术型社团，发挥其导向作用。

（五）坚持循序渐进的原则

加强学生社团建设是一项长期的任务，不可能一蹴而就。高校要善于从大处着眼，从小事抓起，把宏观要求具体化，把长远目标阶段化，遵循社团发展的客观规律，采用稳扎稳打的方法，循序渐进地推进学生社团建设。

三、加强高校学生社团建设和指导的具体措施

（一）提高认识，正确评价与定位高校学生社团的地位与作用

青年学生生活在一个大变化、大改革的时代，适应社会发展的观念更新日益加快，自主意识、竞争意识、效率意识、平等意识、发展意识、民主法治意识不断增强，个体的积极性、主动性、创造性得到充分的发挥，兴趣更加广泛，求知欲更加强烈。与此同时，我国仍处于社会主义初级阶段，多种思想文化观念相互碰撞，矛盾斗争错综复杂，可能给青年学生带来困惑。青年学生的世界观、人生观、价值观还没有完全建立，是易受社会影响的群体。高校要通过各种方法营造积极向上、活泼健康的校园文化氛围，引导学生自觉接受先进的思想理论，用科学的世界观、方法论武装学生，为学生的全面发展、早日成才提供帮助。

高校学生社团为广大学生增长知识、开阔视野、完善能力提供了舞台，高校学生社

团活动是繁荣校园文化、培育高校精神的重要形式。理解、支持、推动社团发展是在高校贯彻党和国家的教育政策的具体体现，是解放思想、实事求是的必然要求。因此，高校必须充分认识学生社团存在的必要性和重要性，明确其在人才培养过程中的地位和作用，精心指导，促进学生社团的健康发展。

（二）加强研究，为高校学生社团的可持续发展提供理论支持

理论是实践的指南，理论上的认识不清，会导致实践上的徘徊不前。由于高校学生社团的发展壮大是近些年的事，高校教育工作者对其重视不够、研究不深入、认识不到位是客观事实。而高校学生社团发展又不断提出很多新的课题，如学生社团的地位和作用如何？我们需要什么样的校园社团文化？学生社团整合成多大规模是最佳的？学校以什么样的方式管理学生社团是最好的？学生社团建设的难点和重点是什么？学生社团的建设如何服务于学校中心工作？如何实现学生社团活动与每一课堂的整合？以上这些既是高校学生社团建设中的实际问题，也是制约高校学生社团进一步发展的客观因素。这就要求高校加强对学生社团的研究，以促进学生社团的可持续发展。

（三）健全制度，为高校学生社团的可持续发展提供制度保障

这些制度既包括宏观层面的国家关于社团管理的法规，学校关于社团发展的规划、建设措施、管理办法等，也包括微观层面的学生社团成立申请、年审注册、骨干培训、评估考核、奖惩机制设置、报刊管理、网页管理、活动审批、社团财务、社团终止等。完善对社团的管理，不能仅仅停留在制度层面，还应有一套切实可行的操作办法加以贯彻实施。

（四）增加投入，为高校学生社团的可持续发展提供人力支持和物质保障

开展各具特色的活动是社团成立的动因，是其存在的基础，也是其发展壮大的依托，而开展活动就需要基本的人力支持和物质保障。

学校对社团的人力支持分为两个层面：一是配备相关业务的指导教师，发挥参谋智囊作用；二是规范社团负责人的选拔，加强对社团骨干的岗位培训，增强其自我组织、自我发展能力，防止社团出现因人而异、大起大落的局面。

学校对社团的物质保障也有两个层面：一是提供社团必要的办公与活动场地，否则社团摆脱不了目前"巧妇难为无米之炊"的窘迫局面；二是社团活动经费的筹措，要实行社团活动经费专项拨款，或建立社团活动基金，并根据社团发展壮大的实际需要，保持一定的年均增长幅度，同时要鼓励社团获取社会赞助，更多地吸纳社会资源，实现社团活动经费来源的多样化。

（五）开拓创新，大力推进高校学生思想政治教育进社团工作

思想政治教育进社团是指以马克思列宁主义、毛泽东思想、邓小平理论、"三个代表"重要思想、科学发展观以及习近平新时代中国特色社会主义思想为指导，本着充分利用社团这一思想政治教育工作新载体，扩大思想政治教育工作覆盖面的原则，努力加强学生社团建设，指导社团把思想政治教育摆在首位，利用社团规模宏大、覆盖面广、活动丰富的优势，对学生进行马列主义基本理论教育、理想信念教育、"三观"（世界观、人生观、价值观）教育、"三个主义"（爱国主义、集体主义、社会主义）教育、科学与人文精神教育，充分发挥社团的育人功能。

推进思想政治教育进社团要做到"四个进入"：一是组织进入，在学生社团建立党团组织，扩展传统的思想政治教育工作机构，将学生社团组织化，纳入学校总体思想政治教育工作体系；二是人员进入，给学生社团配备必要的指导教师，既要配备相应业务的指导教师，又要配备一定数量的思想政治教育工作辅导教师；三是制度进入，制定思想政治教育工作进社团的必要制度，使社团的建设和发展步入规范化、科学化的轨道；四是经费进入，给学生社团提供必要的经费，指导学生社团大力开展健康高雅、思想政治性强的各类活动。其中，组织进入是核心和关键。

高校教育工作者要从党团事业后继有人、兴旺发达的战略高度，从新形势下加强思想政治教育工作的需要出发，探索在学生社团中建立党团组织的新模式。在总体思路上，要坚持巩固传统阵地与开辟新的战场双管齐下，班级党团组织与社团党团组织双重覆盖，党团组织与以党团组织为核心的社团组织双轨并行的方针。在具体工作中，可在条件较好、规模较大的社团建立团支部，在同类社团建立团总支，在社团联合会（或全校社团）建立团工委，并同时在同类社团建立党小组，在社团联合会建立党支部。在社团党团组织负责人的选拔上，要严把质量关，选择政治素质好、业务能力强、群众基础好的学生担当重任。在社团党团组织管理上，可以以块为主，即由社团所挂靠的业务指导

单位负责管理；也可以以条为主，即由学校社团的统一主管部门负责管理。在社团党团组织职能划分上，既要有一般党团组织的管理教育职能，又要有体现社团特色的协调服务职能。

（六）突出重点，在高校学生社团中培育扶持一批"精品社团"

学生社团发展迅速、数量庞大、类型众多、层次不一、发展各异。高校对社团的扶持建设要坚持"有所为有所不为""有所多为有所少为"的方针，结合各校的历史传统、专业特色、发展定位及社团现状制定社团发展规划和目标，重点培育一批历史悠久、基础较好、影响面宽、知名度高、教育性强的社团，重点建设政治理论型、学术型社团。

对政治理论型、学术型社团的培育扶持要做好"三个层面的工作""三个方面的指导"。

"三个层面的工作"是指：其一，根据高校学生教育管理的需要，结合学校实际，有意识地指导学生组建一批政治理论型、学术型社团；其二，对现有政治理论型、学术型社团进行有效整合，改变散、小、弱的局面，形成集中优势；其三，选择条件较好、影响面大的政治理论型、学术型社团加以重点扶持，在场地、人员、经费等方面增加投入，形成几个在学生中有广泛影响、声誉良好的"名牌"社团，充分发挥其示范效应。

"三个方面的指导"是指：其一，对活动方向进行指导，要选派优秀教师或经验丰富的专职干部加强对社团的指导，确保坚定正确的政治方向；其二，对活动内容进行指导，给学生社团出谋划策，规划一定的活动内容、活动形式，重视活动审批把关环节，确保政治理论型、学术型社团健康有序地发展；其三，对社团骨干进行指导，社团骨干是社团的"纲"，在社团中发挥着传、帮、带的重要作用，培养好社团骨干可以起到事半功倍的作用。

（七）全面推进，充分发挥各类高校学生社团在活动中育人的独特作用

高校学生社团活动是实践的舞台，也是育人的课堂，其独特作用体现在"润物细无声"的潜移默化之中。

对于社团活动，总的原则有三条：一是把握方向，明确主题，强化引导，唱响主旋律，鼓励什么、反对什么要旗帜鲜明；二是放开搞活，百花齐放，全面繁荣，形成姹紫嫣红春满园的喜人景象；三是立足校园，放眼社会，走出自我封闭的"象牙塔"，在社

会的广阔大舞台和火热的社会实践中锻炼自己、发展自己。

高校教育工作者要引导学生社团坚持以马克思列宁主义、毛泽东思想、邓小平理论、"三个代表"重要思想、科学发展观以及习近平新时代中国特色社会主义思想为指导，牢牢把握中国先进生产力、先进文化的发展趋势，以实现好、维护好、发展好最广大学生的根本利益为出发点，帮助学生树立崇高的政治信念，塑造高尚的道德情操，形成正确的成长成才理念；广泛深入开展以社会主义精神文明建设为核心的活动，大力弘扬爱国主义、社会主义和集体主义精神，反对和抵御拜金主义、享乐主义、极端个人主义等腐朽思想；继承和发扬中华民族以及世界的优秀文化遗产，积极进行文化创新，勇敢地创建有中国特色的社会主义新文化；充分利用社团和校园文化的有效资源，广泛开展各类艺术、科技、文化、体育活动；结合社会主义市场经济和知识经济时代的特点，积极引导学生参加服务他人、服务社会、献身祖国的实践，坚持走与实践相结合、与工农相结合、与社区相结合、与人民相结合的成才道路，努力将书本知识、课堂知识运用到服务社会、服务人民的实践之中。

第七章　高校后勤社会化改革

第一节　高校后勤社会化改革概述

一、高校后勤社会化改革的意义、内涵与政策精神

（一）高校后勤社会化改革的意义

高校后勤社会化改革，是新形势下实施科教兴国战略的重要体现，是我国高等教育发展史上的一大创举，是深化高校改革的一个重要方面，也是在当前条件下克服高校面临的瓶颈制约，加快高等教育发展的一条探索之路。改革开放以来，随着经济和各项社会事业的发展，特别是随着高等教育的快速发展和社会主义市场经济体制的逐步建立，原有的高校后勤服务体系及其管理模式和运作方式越来越不适应形势的发展与需求，已成为制约高等教育进一步发展的瓶颈。在这种情况下，高校后勤只有面向社会，由封闭走向开放，加快社会化进程，才能摆脱困境，由被动变主动，增强实力与活力，在自身发展壮大的同时，更好地保证高校改革与发展的顺利进行。积极推进并尽快完成高校后勤社会化改革，关系到今后我国高等教育工作的全局，具有重要而深远的意义。

（二）高校后勤社会化改革的内涵

高校后勤社会化，就是从改革高校后勤的运行机制、管理模式和手段入手，运用新的机制和新的模式，克服旧体制的弊端，打破"学校办社会，后勤小而全"的自我服务、封闭运转的旧格局，将高校后勤的生产、服务、经营和管理活动纳入社会经济活动的整体框架，外化为社会整体经济活动的一部分，建立起"由政府主导的、以社会承担为主的、高校选择的、适应办学需要的、市场化的"后勤服务体系，利用社会上一切可用的资源，用社会化服务的思维、社会化的体制与模式来组织高校后勤，逐步形成资源共享、

优势互补的高校后勤新格局，由"学校办社会"转变到"社会办学校"的机制上来，通过建立"运转协调、行为规范、办事高效、管理科学"的后勤管理体制和运行机制，逐步将学校后勤服务部门及经营单位从学校规范中分离，使后勤服务部门真正成为自主经营、自负盈亏、自我发展、自我控制的独立实体，促进其稳步健康发展，确保学校发展所必需的优质、高效的后勤服务，为学校的建设和发展创造有利的条件，从而实现高校办学模式的转变，实现高校内部机制的良性循环。

（三）高校后勤社会化改革的政策精神

近年来，党中央、国务院对高校后勤社会化改革高度关心、重视和支持，多次开展有关会议、发布有关文件进行安排部署和政策指导；各有关部门和地方政府切实加强领导，不断完善法规，在各个方面给予支持和帮助；各高校坚持从实际出发，抓住机遇，勇于实践，敢于突破和创新，根据实事求是、逐步推进、讲求效益、量力而为的原则，认真贯彻落实党和国家有关文件精神，使我国高校后勤社会化改革得以逐步实施、顺利推进，并取得了许多突破性进展，已经初步形成了"校企分开、两权分离、投资主体多元化、经营服务多样化、管理体制企业化"的新的后勤服务体系，后勤服务工作正在逐步走向社会化。

高校后勤社会化改革初步解决了扩大高等教育规模的瓶颈制约问题，对推动高校办学模式的转变，提高高校的办学效益，增强高校培养人才、吸引人才、凝聚人才的能力，维护高校和社会的政治稳定，促进高等教育事业的发展都起到了积极的作用，在促进经济和社会发展方面也发挥了巨大作用。

随着改革的不断深化，高校过去长期形成的工作方式、生活习惯、管理模式、思想观念都将面临重大调整和重新定位，新情况、新问题不断出现。高校后勤社会化改革的重点是学生生活后勤改革，其在学生教育管理过程中更是出现了许多新情况、新问题和新特点。这些都对高校学生教育管理工作的组织、内容、形式、方法和途径提出了新的挑战。

二、高校后勤社会化改革与"管理育人、服务育人"

国家有关高校后勤社会化改革的文件及有关领导的讲话都提出：实行后勤社会化改革后，高校后勤服务实体要体现"教"的特点，要坚持"为教学、科研、师生生活服务"的方向和"管理育人、服务育人"的宗旨。然而，近年来一些高校后勤社会化改革的实践却并不如人们所期望的那样。一方面，企业性质的后勤部门往往缺乏主动地为高校育人目标服务的刚性考核约束机制，在追求经济效益的同时容易忽视管理育人、服务育人的责任；另一方面，后勤服务实体因受其职责和任务的侧重点影响，往往不注意了解、分析学生的思想、心理发展特点，缺少做好管理育人、服务育人工作的系统思考与经验积累，也缺少恰当有效的措施。尤其是对如何搞好学生思想道德建设和学生宿舍文化建设缺乏必要的经验，显得有些力不从心。同时，后勤服务实体的从业人员因职能、观念、素质与能力等客观条件的制约，也难以承担好管理育人、服务育人的责任。这些都在一定程度上导致了后勤服务、管理工作与学校的教育管理工作脱节，尤其是与学生思想教育、养成教育、法纪教育以及校园文化建设、党团组织建设和社团组织建设脱节。

第二节　高校后勤社会化改革引起的学生教育管理变化

一、高校后勤社会化改革引起的学生教育管理模式的变化

（一）学校、学生、后勤服务实体相结合的教育管理新模式

学校教育管理职能和学生工作干部队伍发生的变化，改变了过去学生教育管理工作完全由学校承担的模式，逐步转变为学校、学生、后勤服务实体相结合，共同进行教育管理的新模式。

（二）学校、学生、后勤服务实体相结合的教育管理新模式效果分析

从理论上讲，这种新模式工作的力度、深度和覆盖面都应大于以前的模式，教育管理工作也应该比以前做得更好。然而，从目前高校后勤社会化改革实际运行的效果来看，却并非如此。一方面，高校学生教育管理职能和学生工作干部队伍发生了变化，部分教育管理职能与教育管理人员剥离到后勤服务实体，而后勤服务实体在"管理育人、服务育人"方面又存在着一定的"缺陷"，从而导致后勤服务管理工作与学校教育管理工作脱节，学生教育管理过程中出现了一些"三不管"的真空地带。另一方面，由于体制和机制方面的原因，学校、学生、后勤服务实体相结合共同进行教育管理的新模式，在运行中也还存在许多需要进一步解决的问题。特别是学校与后勤服务实体在学生教育管理工作职能方面如何进行合理分工，达到各司其职、齐抓共管；在工作过程当中如何统一安排部署，实现统筹协调、联动互补；在工作实施期间如何进行交流沟通，做到齐心协力、密切配合。这些问题都还没有得到很好的解决。另外，由于物质条件、运行成本、利益分配和责任划分等方面的原因，学校有关部门与后勤服务实体之间，在对学生进行教育管理的过程中还经常出现彼此推诿扯皮的现象，在一定程度上影响了高校教育管理工作的正常进行。

二、高校后勤社会化改革引起的学生教育管理环境的变化

随着高校后勤社会化改革不断推进，长期制约高校发展的一些瓶颈得到了初步的缓解，尤其是学生的食宿条件已有较大的改观。但我们在肯定成绩的同时应该清醒地看到，目前的改革还只是初步的，改革的进程距我们预期的目标还有较大的差距，在今后相当长的一段时间内，学生人数还将呈逐步增加的趋势，学生公寓、食堂等后勤设施不足，仍然是制约高等教育发展的关键因素，高校后勤社会化改革的任务仍十分艰巨。

高校的学生教育管理工作环境与过去相比大不相同，在老问题尚未完全解决的同时又产生了许多新的问题。

一方面，在近几年高校后勤社会化改革过程中，新建的学生公寓和食堂等后勤设施大部分被扩招的学生"吃掉了"，制约高校发展的瓶颈尤其是学生的食宿条件还没有得到根本解决，目前还有相当一部分高校学生的食宿条件并未改观，"脏、乱、差"的状

况仍然存在，6～8 人住一间宿舍的现象还相当普遍。这种状况极易诱发事端，影响高校乃至社会稳定。

另一方面，随着高校后勤社会化改革的逐步推进，各高校大都存在新建学生公寓和食堂等服务设施与老旧设施并存、新校区与老校区并存的状况，有些学校还存在校内服务设施与校外（大学园区）服务设施并存的状况，这种状况导致各学校内不同院（系）、不同年级、不同班级的学生，甚至同一院（系）、同一年级、同一班级的学生在生活和学习条件上存在较大的差异，不论是从住宿、就餐、自习、阅览图书等的地点、硬件设施、环境、价格、方便程度等方面来看，还是从服务质量方面来看，这种差异都是比较明显的，容易引起学生的不满情绪，甚至引发事端。

另外，后勤社会化使高校校园内增加了许多商业网点和经营服务人员，部分学生公寓、食堂等后勤设施建在校外，分布面较广，环境复杂，学生与社会联系日渐增多，接触日趋频繁，在与社会上形形色色的人的接触中，耳濡目染各种各样的社会现象，深受各种社会环境、社会价值观念、社会行为的熏陶，极易受到一些社会不良习气和思想意识的影响，这些都给保持高校的安全稳定带来了不少的隐患，在一定程度上加大了高校教育管理工作的难度。

三、高校后勤社会化改革引起的学生教育管理对象的变化

（一）学生的法律地位从受教育者转变为消费者

高校后勤社会化必然会带来高校学生住宿、就餐、学习方式的变化。

一方面，学生与后勤服务实体关系发生了变化，形成了一种经济服务的契约关系。学生作为消费者理所当然地要求满意的服务，要求维护自身的合法权益，但同时也容易产生"我是花了钱进行消费的，想干什么就干什么"的错误想法，并因此不重视个人修养，不服从后勤服务实体和服务人员的管理和教育，有时甚至对他们的管理和教育产生抵触情绪。

另一方面，公寓化、社区化、混合化、松散化、自主化越来越成为学生课余生活的主要方式，"同班不同舍、同舍不同班"，甚至"同舍不同校"的情况将越来越多。学生在生活社区化、成才环境社会化的条件下，安排时间的自由度加大，学习活动空间扩大，

与社会的接触更加密切，自我意识得到了加强，不同学校、不同院（系）、不同专业、不同年级学生之间的交往也会大大增加。同时，他们自我教育、自我管理、自主学习、自立自强的意识和能力得到了增强。这种生活方式虽然有利于学生更好地成长，但给高校教育管理工作带来了许多新的问题。

（二）学生间的沟通机会减少，正式组织功能弱化

这种生活方式使本院（系）、本年级、本班级的学生之间在课堂以外进行沟通和接触的机会减少，原有的党团组织、班委会、学生会、学生社团的组织能力和活动能力降低，学生彼此间的心理距离拉大，集体意识弱化，院（系）、年级、班级活动越来越难开展，原来以院（系）、年级、班级等组织结构为主体进行教育管理的效果更加弱化。

四、高校后勤社会化变革引起的学生教育管理的其他变化

（一）进行有组织的教育管理活动难度增加

高校后勤社会化变革使高校难于就学生的一日生活制度提出统一的纪律要求，特别是除了上课时间，高校难以强制规定统一的作息时间，何时起床、锻炼、自习、休息、关灯等完全由学生自主决定，以往按院（系）进行的文明宿舍评比、宿舍安全卫生检查、学生个人德育量化评定等日常管理工作的实施也越来越困难，使得高校越来越难于对学生进行有组织的教育管理活动。

（二）细致的教育管理工作有被一般性的号召所替代的倾向

高校后勤社会化改革后，细致的教育管理工作遇到挑战。在这种生活方式下，学生的分布面比较广，由于受学生工作系统人员数量的制约，学校对学生的日常管理工作往往仅限于一般性的发号召、提要求，而检查力度不足，督促功能降低，对学生在公寓和社区遵守行为准则的情况，特别是对学生是否有违纪行为等信息的收集较难，管理约束力减弱，有可能出现学生违纪但没有人管的"真空"地带，给常规的高校思想政治教育和教育管理工作带来了很大冲击。

（三）校园文化的教育功能遇到挑战

在校外公寓（包括新校区）住宿的学生由于受地理位置和交通不便等因素的影响，不能像住在校内或老校区的学生那样随时随地接受校园文化氛围的熏陶，与其他学生、教师进行交流可能产生障碍，良好的校园文化和人际交流环境对学生成长的积极作用有所减弱，教师的正确引导和优秀学生的良好示范对学生成长的积极作用也有所减弱。从学生教育管理的规律和学生成长的规律来看，低年级学生尤其需要良好的校园文化氛围、教师的正确引导和高年级优秀学生的良好示范。调查显示，许多高校都是低年级学生主要居住在校外公寓或新校区，高年级学生主要居住在校内或老校区，新生与老生、教师间的文化互动不能像以往一校一院式地开展，校园文化的传承与发展受到冲击，其教育功能的发挥遇到了挑战。如何帮助低年级学生顺利完成角色转换、尽快适应高校生活，成为新的课题。

（四）处理学生教育管理工作中敏感问题的难度增加

在新的条件下，如何做好在校外公寓住宿学生的思想教育、安全保卫、文体活动、日常管理等工作，尤其是当这部分学生出现聚集哄闹、打架斗殴等群体性突发事件时，高校如何配合有关部门及时采取相应的措施加以引导与制止，也是高校需要研究解决的新的敏感问题。

面对高校后勤社会化改革给高校学生教育管理工作带来的新情况、新问题和新挑战，我们必须进行深入的思考和研究，针对这些新情况、新问题和新挑战，积极主动地采取必要的措施加以应对，尤其要认真研究后勤社会化改革给学生学习方式和生活方式带来的变化，积极探索适应改革要求的新的学生工作体制和机制。

第三节 社会化改革后高校后勤的人才培养职能

一、高校后勤服务部门是学生受教育的特殊场所

(一)"三育人"是中国高校的特色

我国是社会主义国家,高校的根本任务是培养中国特色社会主义事业的建设者和接班人,高校的一切工作都要服务于出人才、出成果。高校的全体教师、管理人员和后勤服务人员理所应当承担起"教书育人、管理育人、服务育人"的责任,通过自己的辛勤努力和出色工作,发挥育人作用,达到培养人才的目的。

(二)高校后勤服务部门具有育人的特殊责任

高校培养人才的职能不仅仅是在教室中完成的,也不仅仅体现在课堂教学中,而是体现在学校工作的各个方面。高校后勤服务部门既是为高校办学提供物质条件和后勤保障服务的重要场地,又是青年学生认识社会的一个重要窗口,同时还是他们参加社会实践活动的一个重要场所,因而同样也是培养教育学生的重要课堂,有着其他育人部门不能替代的重要作用。

(三)高校环境育人离不开后勤职工的辛勤努力

高校的一草一木均是环境育人的组成部分。整洁优美的生活环境、活泼而规律的生活秩序以及体贴周到、方便实惠的后勤保障与服务,对青年学生高尚的思想品德的培养和优雅的行为方式的养成有着良好的、积极的陶冶作用。高校的后勤服务人员作为不上讲台的"教师",他们的一言一行,他们的世界观、人生观、价值观、道德面貌和工作作风,对学生的感染教育是潜移默化的,有时候还具有直接的影响,对培养学生自觉维护公共秩序、遵纪守法、文明礼貌、讲究卫生、艰苦奋斗、勤俭节约、爱护公物、热爱劳动、互相尊重等良好的品格和习惯具有重要作用。可见,作为高校的重要组成部分和

人才培养的一个重要部门，高校后勤服务部门在学校全员育人、全程育人、全方位育人的整体育人工作格局中具有不可忽视的重要地位。因此，高校后勤服务部门必须遵循教育自身发展的客观规律，以培养人才为中心，主动围绕人才培养目标来实施自己的工作，自觉承担并发挥好"服务育人"的职责。这对于培育德智体美劳全面发展的中国特色社会主义事业的建设者和接班人，具有非常重要的作用和意义。

（四）我国高校后勤服务部门具有管理育人、服务育人的优良传统

长期以来，服务育人、管理育人一直是我国高校后勤服务部门的优良传统和光荣职责。高校后勤管理与服务水平的高低，直接影响到校园文化氛围的营造水平和培养人才的质量与环境。高校后勤服务部门所特有的教育属性，使其在职责上具有区别于其他社会组织后勤服务部门的特殊属性。根据党和国家的一贯政策，高校后勤工作应该始终坚持服务育人，自觉地将教育属性放在重要的地位上，提供更加优质高效的后勤保障和服务，促进高等教育事业加快发展，这也是高校后勤社会化改革的根本目的。

二、社会化改革后高校后勤承担人才培养职能的新途径

在高校后勤社会化改革的过程中，不管以什么模式改，建立什么样的服务实体，都不能改变其教育功能，都必须坚持为学校服务、为育人服务的特色，这是高校后勤社会化改革的根本方向。高校后勤服务企业绝不能等同于一般的企业，更不能把盈利作为唯一目的，片面追求利润的最大化，而要正确认识和处理市场经济规律与教育规律之间的关系、经济效益与社会效益之间的关系、眼前利益与长远利益之间的关系、经营与育人的关系，既要注重经济效益，更要注重社会效益，要牢固树立服务育人的理念，坚持为育人服务，自觉承担育人的职能，创新服务育人模式，构建服务育人环境，将服务育人作为企业的最高宗旨，贯穿于服务和企业发展的全过程中。

高校后勤服务实体的性质及其服务对象的特殊性要求高校后勤服务实体不仅要坚持服务育人的理念，而且要本着创新精神，积极探索服务育人的新途径。高校后勤社会化改革以后，其育人功能不但没有削弱，反而强化了，这就向高校后勤服务实体提出了更高的育人要求。

（一）建立有效的准入机制和监控机制

从这个意义上讲，高校和地方政府在推进高校后勤社会化改革的过程中，必须建立有效的准入机制和监控机制。在对欲进入高校后勤服务市场的企业进行条件审查和资格认定时，应着重对其是否具有"服务育人、报效社会"的经营理念，是否坚持"一切以学生利益为主，保证学生利益至关重要"的服务宗旨，是否有较高的文化品位，是否有素质较高的职工队伍，是否有确保服务育人落到实处的具体措施和规章制度，是否愿意接受学校、学生和社会的监督等方面进行考察；在对已进入高校后勤服务市场的企业进行监督检查时，应把其是否贯彻了服务育人的理念，是否以良好的服务设施、服务环境、服务文化、服务态度、服务方式和服务质量落实育人措施，是否及时处理学生反映的问题等纳入检查范围，实施严格的监督检查。

（二）营造浓郁的育人文化氛围

高校后勤服务实体应切实端正经营思想，注重提高文化品位，大胆创新服务育人模式，努力探索后勤社会化改革后服务育人的新内容和新方法，构建良好的服务育人环境，营造浓郁的服务育人氛围，加大服务育人的力度，形成服务育人新格局，确保服务育人的贯彻落实。

（三）精心营造，实现服务育人、环境育人理念的自然流露

马克思主义认为，人和环境是相互作用的，环境是通过人来改造的，而人在某种程度上又受环境的影响。现代心理学研究表明，在人的性格的形成过程中，环境因素影响很大。人的情感、情操是环境与人体生理状态的认识过程相互作用的结果。所以，建立积极、健康、向上的校园文化对高校后勤社会化后的学生教育管理十分重要。捷克教育家扬·阿姆斯·夸美纽斯（Jan Amos Komensky）曾经说："校园应当安排得美观，成为一个快意的场所和对学生富有吸引力的地方。"

苏联教育家苏霍姆林斯基也曾经说过："要使学校的墙壁也说话。"就是说，要使学校的一草一木、一花一石都对学生产生教育影响，达到培养学生的道德情操、责任意识和审美情趣的教育目的。学生主要的活动范围是学校，学生宿舍、食堂等不仅是学生学习、生活的重要场所，也是培养学生良好习惯和进行思想政治教育的重要课堂。

高校后勤社会化改革以后，学生在学生社区、大学城的活动时间越来越多，这些地

方的环境状况对学生的影响越来越大，与学生的成长息息相关，积极向上、文明和谐、知识化、学府化、人性化的人文环境，绿化、美化、香化、净化的活动环境，清静、整洁、舒适、安全的住宿环境，干净卫生、优雅温馨、空气清爽、秩序井然的就餐环境等，都对学生具有强烈的暗示性、渗透性和潜移默化的教育作用，都可以行"无言之教"。此情此景不仅给学生以美的享受和熏陶，而且可以塑造学生美的心灵，陶冶学生美的情操。学生身处其中，会感到身心愉悦，其思想观念、生活追求、理想信念、价值品味会得以显现和升华。这就要求学校后勤服务实体必须下大力气建设学生的生活环境，注意营造良好的文化氛围，根据"适用、经济、美观"的原则进行设计、建设、改造和布置，努力做到"功能布局合理，环境优美宜人，器具实用美观，使用高效方便"，力求融校园、家园、花园、乐园为一体，集社会美、艺术美、自然美、科学美于一身，给学生创造一个整洁、美观、舒适、安静的学习、生活环境，形成"一草一木都能说话，一砖一瓦皆可育人"的充满艺术氛围和人文精神的生活环境，以此来影响人、熏陶人、感染人、教育人。这不仅有助于学生调节情绪，振奋精神，减少逆反心理，而且有助于培养和陶冶学生高尚的情操，促进学生身心健康、茁壮成长。

（四）强化管理，实现管理育人、服务育人的制度创新

高校后勤社会化改革以后，后勤服务实体实行市场化经营和企业化管理，如果没有配套的管理制度、管理办法和管理手段作保证，企业经营目标与学校育人目标之间就很难达成一致，服务育人就只能停留在口头上和文件中。因此，为了确保服务与育人两不误，高校后勤服务实体必须强化管理，以形式多样的活动为载体，实实在在地履行育人职责。

第一，要切实抓好后勤服务实体的队伍建设。要坚持选拔政治素质高、文化水平高、思想修养好、作风正派、责任心强、有一定专业水平和管理经验的人员到管理岗位上工作，尤其要选择那些对学生有深厚感情、从事过学生工作、既熟悉教学又懂得管理、既有实际工作经验又有改革精神和创新意识的人员到直接与学生打交道的管理岗位上工作。在选择聘用服务人员的时候，也应做到既考察其是否具备完成相应业务的技能，又考察其是否具有服务育人的理念和能力。

第二，高校后勤服务实体在搞好服务的同时，应紧紧围绕"育人"这个中心工作，结合自身的工作特点，着眼于学生在日常生活中容易遇到的问题，针对学生在吃、住、

行、玩等活动中普遍存在的不良举止，以及学生在接受服务的过程中经常出现的不文明言行，积极主动、创造性地开展一些主题活动，努力培养学生关心他人、爱护公物、保护环境、勤俭节约、热爱劳动的良好品格，相互理解、相互支持的团队精神，强烈的主人翁意识和社会责任感，以及集体主义观念，以取得良好的育人效果。

（五）服务学生、服务育人，追求实践育人的校园文化目标

高校后勤服务实体还应尽可能为学生提供一些勤工助学岗位和义务劳动的机会，通过让他们在力所能及的范围内参与管理和服务活动，来达到鼓励和引导学生加强自我教育、实现自我服务、参与自我管理的目的。比如，可以组织学生参与宿舍与校园文化建设和环境建设，参与宿舍与伙食管理等，甚至还可以由他们经营一些小型服务设施。这样做不仅可以锻炼学生的社会实践能力，还可以促进服务育人工作的开展。

第四节　高校后勤社会化过程中学生教育管理的思路与对策

一、高校后勤社会化过程中学生教育管理的思路

解放思想、实事求是、与时俱进是我们思考问题、解决问题的根本思想方法。高校后勤社会化过程中开展学生教育管理工作的思路应该是：认真贯彻党的教育方针，始终坚持从高校实际出发，紧紧围绕"服务育人、管理育人"的目标，实现体制创新和机制创新。

要解决高校后勤社会化改革后高校学生教育管理工作遇到的新问题，做好新形势下的学生教育管理工作，就必须实现教育思想、管理观念的根本转变，在深入研究和思考的基础上，积极主动地采取措施加以应对，努力探寻适应改革要求的学生工作新体制和新机制，大胆探索新形势下的学生教育管理新模式。

二、高校后勤社会化过程中学生教育管理的对策

（一）调整学生工作干部队伍结构，优化学生工作干部队伍建设

坚持以习近平新时代中国特色社会主义思想为指导，以教育事业发展的现状和特点为依据，通过调整学生工作干部队伍结构，加强学生工作干部队伍的科学化、规范化和制度化建设，建立一支政治思想素质高、业务工作能力强、热爱学生工作、结构合理、专兼职结合的学生工作干部队伍，是应对高校后勤社会化改革后学生教育管理工作遇到的新形势、搞好学生教育管理工作的关键。为了适应高校后勤社会化改革后学生教育管理工作的新变化，应注意以下几点：

1.建设一支"少而精、专家化"的学生教育管理工作研究、咨询、决策队伍

这支队伍主要由学校主管学生工作的党政领导与学生教育管理工作相关部门（包括后勤服务部门）的党政领导、各学院（部、系）主管学生工作的领导及部分相关领域的研究型工作人员组成。该队伍的主要职责是从宏观上对学校的学生工作进行领导，分析、研究学生教育管理工作中出现的新情况、新特点和新问题，并提出应对的思路和措施，以指导其他队伍的工作。

2.培养一支"政治强、业务精、作风正、能力强"的学生教育管理工作实施队伍

这支队伍主要由具体从事学生教育管理工作的学工部、团委、党校、教务处、宣传部，各学院（部、系）主管学生工作的党政领导和专兼职辅导员，社科部、思政部的部分专职教师，以及公寓管理中心和饮食管理中心的部分管理人员等组成。该队伍的主要职责是根据上级党委的工作部署，依据研究、咨询、决策队伍的指导性意见和措施，结合学生工作自身的规律以及学生的特点，具体实施对学生的日常教育管理工作。

3.造就一支"政治素质好、思想作风好、具有较强组织管理能力、善于做学生工作"的学生社区辅导员队伍

这支队伍主要从有一定工作经验的专职辅导员中选拔，可以是固定的，也可以定期轮换。该队伍的主要职责是进驻学生社区，按照"同住、知情、关心、引导"的要求，结合学生的思想实际，在学生社区中实施教育管理工作，负责学生的日常思想品德、行

为规范、法律法规、集体主义教育，引导学生开展各种健康向上的活动，促进学生社区的社会主义精神文明建设，同时还要深入了解学生的意见和要求，充当联系学校和学生的桥梁和纽带。

4.训练一支"思想敏锐、政治可靠、技术精湛、理解学生"的网络教育工作队伍

这支队伍主要从有一定工作经验的专职辅导员中选拔，同时配备一些专职人员。该队伍的主要职责是以网上解答问题、发布相关信息的形式，开展网络教育、正面引导，实现思想政治教育进网络，同时还要负责搜集和整理学生在网络上反映的问题和表现出的思想情绪与思想倾向，并及时向有关部门进行通报，以便采取必要的措施加以疏导。

5.活跃一支"熟悉业务、关心学生、责任心强"的特殊学生救助工作队伍

这支队伍主要由心理咨询与心理辅导教师、困难学生资助专干、就业服务专干等组成。该队伍的主要职责是通过心理健康教育和心理咨询、济困助学、就业援助等形式对特殊学生群体实施援助。

（二）齐抓共管，形成合力，积极构建新型学生教育管理模式

1.高校后勤社会化新模式应该有利于学生教育管理工作

按照历次全国高校后勤社会化改革工作会议精神及有关文件的要求，高校后勤社会化改革后对学生的教育管理，要贯彻学生的政治思想教育和日常行为管理主要由学校负责的原则，且只能加强，不能削弱，更不能推给社会。学校是后勤服务的甲方，学生工作部门要代表学生利益积极履行甲方义务，对服务工作及时提出要求并进行有效监督，协调和激励服务体系实现服务育人的功能。高校还要建立由学生工作干部、公寓管理人员和学生骨干共同组成的学生社区或楼宇管理实体，赋予其明确的职责，使其全面负责社区生活、管理、教育阵地建设，促进齐抓共管机制的真正形成。

2.高校后勤社会化新模式应该是学生教育管理工作与后勤服务工作的和谐统一

高校应在学生工作系统与后勤服务实体之间建立起统一的管理协调机构，并明确机构的负责人，形成两者之间责任明晰、各尽其责，既有明确分工又相互配合的新的管理体制，以便及时协调有关矛盾，处理有关问题。同时，高校还要采取必要的措施，在学

生工作干部与后勤管理服务人员特别是宿管人员之间建立起团结协作、互馈意见、齐抓共管的工作机制。由几所高校共用的学生社区（大学城）要在当地教育行政主管部门的帮助下建立这种管理体制和工作机制，并由各校分别派出得力干部与后勤服务实体共同进行学生的教育管理工作。后勤服务实体应积极主动地协助学校有关职能部门共同做好学生教育管理工作，学校学生工作部门在做好学生思想政治教育工作和日常行为管理工作的同时，也要帮助后勤服务实体加强学生食宿管理工作。

（三）加强制度建设，逐步加大制度育人的力度

1.建立和完善学生社区文明管理制度

针对后勤社会化改革后出现的新情况，各高校要结合自身实际，尽快建立健全切实可行、科学合理的管理制度，特别要就学生在社区的文明行为规范及考核奖惩、安全管理规定、学生权益保护、学生意见收集反馈、公物损坏赔偿、社区思想政治工作以及社区学生组织、活动、建设、发展等方面的问题制定相应的规章制度，并加强对管理制度的宣传，教育学生严格遵守规章制度，从而使后勤服务社会化条件下的学生教育管理工作更加规范化。

2.建立和完善学生工作干部、党团组织进社区制度

学生社区是学生生活的主要场所之一，也是基础场所，在学生社区成立党团组织意义重大。另外，学生辅导员进入学生社区，有利于有效开展教育管理工作，使"支部建在连上"的思想能够落实并深入到学生学习生活的基本单位中。

（四）充分发挥学生的主人翁意识和主观能动性

1.建立和完善学生社区自我管理组织

高校后勤社会化改革后，只有充分调动学生的积极性、主动性、创造性，提高他们"自我教育、自我管理、自我服务"的能力，才能适应新形势的要求，进一步提高学生教育管理工作的水平。

第一，要积极推动学生党团组织、社团组织进学生社区。学生党团组织、社团组织以其组织凝聚力强、活动内容丰富多彩、活动方式灵活多样、成员兴趣相投等特点，在加强学生教育管理、促进学生健康成长方面具有不可替代的重要作用。在高校后勤社会化改革不断深化的情况下，高校应重视和加强学生党团组织和社团组织建设，并积极推

动学生党团组织、社团组织进学生社区。

第二，通过在学生社区建立健全"社区管委会""楼管会""宿管会""食管会"等学生自我管理组织的方式，将一批学生党员、入党积极分子和学生干部充实到学生教育管理工作队伍中。这些成员来自学生，对学生的思想状况和意见要求非常了解，也能够很好地与学生进行交流沟通，既能对后勤服务实体履行职责的情况和服务水平进行监督，维护学生自身的合法权益，更好地为学生排忧解难，又能作为高校学生教育管理工作的骨干队伍，配合高校和后勤服务实体做好卫生安全检查、社区文化建设、规章制度宣传等教育管理工作，还可以很好地协助高校和后勤服务实体做好化解矛盾、维持稳定的工作。

2.关心引导学生社区自我管理组织的健康发展

高校和后勤服务实体要十分重视学生党团组织、社团组织进社区工作，十分重视学生自我管理组织的建设工作，既要加强对这项工作的领导、指导，又要在活动场所、设施、经费等方面为学生党团组织、社团组织和自我管理组织创造必要的工作条件，使之能够更好地开展工作，真正成为学生热爱的"学生之家"，真正成为学生教育管理工作的生力军。

第八章　高校学业评价与管理

第一节　学业评价概述

所谓评价，原指对货物的评质论价。后来，其广泛用于对各种事物乃至对人类各种活动价值的判断。辩证唯物论认为，人的思维和认识具有反映、认知、评价和创造的特性。人类认知活动在本质上是反映、评价和创造的辩证统一。因此，人类在如实地反映客观事物，把握其本质的基础上能对事物存在的价值、功能和意义作出判断。

一、学业评价的概念、结构、本质和目的

（一）学业评价的概念

所谓学业评价，就是对学生的学业进行的评价。它是通过系统收集有关信息，对学生的学习过程的知情意的发展和结果的价值进行的评价，以判断其学习的成败、优劣、得失，从而为学生改进学习、教师改善教学，以及管理部门改善管理，提供尽可能准确的依据。

（二）学业评价的结构

学业评价是一个系统，其组成要素有以下几个：

第一，评价主体，即评价活动的主体。一般来讲，学业评价的主体可能是任课教师或教师群体，也可能是教学管理部门。

第二，评价客体，即评价对象，也就是学生。高校课程学业评价的对象就是高校学生。

第三，评价标准，即评价活动作出价值判断所依据的准则或尺度。学业评价标准，

就是对学生学习情况和结果进行价值判断的衡量准则或尺度,应当是具体的、可测量的。高校课程学业评价标准应依据课程标准来制定。

第四,评价方式,即评价活动采用的方式。学业评价是一种特殊的、具有目的性的活动过程,有一系列的方法和程序。学业评价的一般程序为:系统地收集学习信息—分析学习信息—进行综合判断—提出决策建议。

第五,对学业评价的再评价,即检查学业评价是否科学、真实、有效。

(三)学业评价的本质和目的

从本质上讲,学业评价是一种价值判断活动,是对评价对象学习活动及其成果的现实价值和潜在价值作出判断的过程。

价值判断与事实判断既有联系又有区别。事实判断只是对事物的现状、属性与规律的客观描述,如某学生已经掌握了计算机应用课程的基础知识和基本操作,即事实判断。价值判断则是在事实判断的基础上,根据评价的目的、标准、需要和期望对客观事实的状态、前景和价值作出判断。这种判断必然受到评价者价值观的制约,其显著特点是客观性与主观性的统一。

学业评价是通过诊断学生的学习过程、状态和成果,向学、教、管三方提供必要的反馈信息,促进学、教、管活动不断改革和完善。因此,评价本身不是目的,而是实现目标的手段,不能为了评价而评价。学业评价的根本目的,是扎扎实实地改善学、教、管的质量。

二、学业评价的分类

学业评价是一种极为复杂的活动过程,可以从多个角度进行分类。

(一)选拔性评价与教育性评价

从评价的直接目的来看,学业评价可分为选拔性评价与教育性评价。

选拔性评价是指为了满足社会选拔人才的需要而进行的学业评价,通过这种评价选拔出合乎要求的学生,淘汰不合乎要求的学生。当前,我国的高考制度、中考制度就是典型的选拔性评价,还有各类学习竞赛(如数学建模、电子技能、广告设计等竞赛)的层层选拔赛制度，也是选拔性评价。

教育性评价是为了改进教师的教与学生的学而进行的一种具有鲜明教育性质的评价。教育性评价具有两个本质特征：第一，评价是为了促进教与学而精心设计的；第二，评价应该向所有学生及教师提供有意义和有用的反馈，而且要能明确地评价学生和教师对反馈的使用程度。经常采用的各种发展性评价、单元测验、期中考试等都属于典型的教育性评价，当前学业评价发展的一个重要趋势是强调发展性评价，而发展性评价一般是教育性的居多，以促进学生的发展。

（二）诊断性评价、形成性评价和终结性评价

诊断性评价是指为了使教育教学适合学生的需要和背景，对学生是否具备进入新的学习阶段所需的基础性知识技能和其他素质所作的评判，通常包括对学生的知识技能基础、优点、特殊兴趣、才能、禀赋和问题等的识别。通过诊断性评价，可以对学生的当前状况进行较全面的判断，据此可以对学生进行适当的安置，对教育资源进行合理的配置，并设计出适合特定学生的教与学的具体方案。常用的"摸底考试"就是一种简易的诊断性评价。

形成性评价是指为了及时地改进教与学活动，在教与学的过程中随时了解学习的进展情况和存在的问题，经常性地对学习进行评价，从而为改进教与学的进程与方法提供及时的反馈信息和指导方案，以达到在教与学的过程中及时提高教学效率的目的。常用的单元测验就是典型的形成性评价。

终结性评价也称总结性评价，它是在一个阶段的学习结束之后，为了解学生的学习情况并对学生的学习成绩进行评定，而对学生的学习进行的一种总结性的、相对全面的、综合性的评判。通过终结性评价，可以对学生在某一门课程或某一个领域的学习作出最终的评判。毕业考试、结课考试等都是典型的终结性评价。

（三）相对评价、绝对评价与个体内差异评价

相对评价是在一个评价对象集合（团体）内，将一个个体与其他个体进行比较，确定每个个体在团体内的名次。

绝对评价是以预先设定的学习目标为基准，对评价对象实际达到目标的程度所作的评价，即将作为评价对象的各个个体与预定的目标进行比较，确定他们达到目标的程度。

　　个体内差异评价是对一个个体内部的差异进行比较的评价,包括纵向比较和横向比较两类。纵向比较是将个体的现在与过去进行比较,如某个学生的某门课程第一次测验成绩为 70 分,第二次测验成绩为 90 分,说明成绩上升了,学习状态有明显变化;横向比较是将个体的不同侧面进行比较,如将一个学生同一学期不同课程的学习活动与成绩相比较,就可以发现该生在不同方面的优势与劣势。

(四)质性评价与量化评价

　　质性评价是在自然的情境中,对学生的学习进行的整体性的、非量化的评价。它有较悠久的历史,但在现代科学主义流行的背景下被贬低和忽视,近年来重新受到重视,并发展到新的高度,以新的形态出现。质性评价具有自然性(评价往往在真实的情境中进行)、整体性(对学习的各个方面作一个完整的、全面的评价)、深入性(能深入地分析和评判学生的行为表现背后深层的意义和价值)和非量化等特点。目前,质性评价比较流行,如深入分析评判学生的某篇研究论文、某件设计作品、某件科技制作产品,实地考察学生在活动中的表现等,都往往以质性评价的范式进行。

　　量化评价即以数量化的方法进行的评价,它是对评价对象的某些方面的学习成果进行测量,进行数量化的分析和推论,然后进行价值判断的方法。量化评价在 20 世纪早期受到人们的青睐,近年来它受到多方面的冲击,但仍然是学业评价中的一种重要类型。标准化测验就是一种典型的量化评价。

(五)考试测验与真实性评价

　　从评价的途径来看,学业评价可以划分为考试测验和真实性评价。考试测验的评价途径就是测验与考试,这种途径是与真实生活脱节的,目前受到多方面的冲击,需要改革,但仍然是一种重要的评价类型。在真实性评价中,评价途径是真实性任务。

(六)传统性评价与发展性评价

　　传统性评价是为了判断学生成绩高低,以便实施奖罚的评价,多依靠总结性评价(考试评价)。发展性评价则是为了促进学生发展的评价,更重视过程性评价。

三、学业评价的功能

（一）导向功能

学业评价的导向功能，是指学业评价可以将学生的学、教师的教乃至其他有关活动导入一定的方向。人们常说"考试是指挥棒"，体现的就是学业评价的导向功能。

任何学业评价都是一柄双刃剑，其导向功能有正向的，也有负向的。积极健康的学业评价导向会使学生的学习活动向积极的、健康的方向发展，而消极的学业评价导向会给学生的学习带来消极的影响。因此，在设计学业评价方案时，要尽可能发挥其正向的、积极的导向功能，减少乃至避免负向的、消极的导向作用。

（二）发展功能

通过学业评价，可以及时发现学习过程中的成败得失，发现学习进程和方法上存在的问题，探明产生这些问题的原因，寻求解决这些问题的方法，调整教与学的进度与方法，从而改进教与学。就学业评价类型来说，显然形成性评价比终结性评价更具有促进发展的功能，发展性评价比考试测验更具有促进发展的功能，教育性评价比选拔性评价更具有促进发展的功能。

（三）激励功能

学业评价对学生学习起着重要的激励作用。学业评价可以促进学生反思自己学习的成败得失，体验自己学习上的成功，找出失败原因，从而进一步激励其学习。

（四）选拔功能

任何社会都需要以学业评价来对学生进行各个层次的选拔。当然，为选拔而进行的学业评价也与其他学业评价一样，应该随着社会和教育的发展而不断地改进。

学业评价的选拔功能与导向功能是相关联的，其作用范围一般比导向功能要窄。但是这种选拔的对象往往是范围很大的，除了自愿而且获准完全放弃选拔机会的学生，其他学生都会卷入其中，成为评价的对象。

（五）研究功能

学业评价对人们研究学生的学、教师的教以及教学管理都具有重要的作用。

第一，可以根据学业评价得来的资料，判断某门课程教学的优劣、某种学习方法和教学方法的优点或不足、学生学习成败的原因等；第二，学业评价往往会刺激和促进相关研究；第三，有些学业评价，尤其是质性评价、真实性评价，本来就融合了许多研究的成分。

第二节　发展性学业评价的意义、性质和方法

与传统的高校学业评价相比，发展性学业评价无论在评价理念、宗旨、内容和标准方面，还是在评价策略和方法等方面，都有其特点，更有利于发展"适合高校学生发展的教育"。

一、发展性学业评价的意义和性质

（一）发展性学业评价的意义

1.发展性学业评价可促进学生的积极发展

发展性学业评价是一种依据发展性目标，诊断过去和现在，关注未来，及时反馈和调整，促进学生发展的形成性、过程性评价，并提倡和坚持在宽松的环境中促进学生主动、积极地发展，从而实现学生的发展性和增值性目标。

发展性评价认为评价对象的发展是螺旋式上升或波浪式前进的，不可能一帆风顺，其间有曲折是很自然的，评价对象是发展中的人，评价应该立足评价对象现在的发展态势，帮助评价对象谋求未来的发展，以增加人生价值。

发展性学业评价，能将学生自身的发展需求和社会的需求融合在一起，从而促使他们的积极心态和教育教学评价氛围相融合，促使他们的现时表现与未来发展相融合，最终实现发展性评价的总目标。

2.发展性学业评价可促进学生的全面发展

发展性学业评价不仅要关注学生的学业成绩，更要发现、发挥和发展学生的多方面潜能，了解他们发展中的兴趣和需求，帮助他们认识自我、树立自信，促使他们在原有的水平和基础上全面发展。

发展性评价强调评价内容的多元化，不仅要关心学生的学业成绩，更要关心他们综合实践能力的发展和创新精神的培养。

（二）发展性学业评价的性质

1.发展性学业评价是对学生的综合素质的评价

学生的综合素质的评价是指评价者按照一定的评价标准，运用各种评价策略、方法和技术，对学生的综合素质及其发展进行的一种评价判断活动。一个完整的、科学的发展性学业评价体系，既要有各个课程学业的评价，还要有对学生的基础性发展目标的评价，即知识与技能、过程与方法、情感态度与价值观等三个维度的发展性目标和过程的评价。

2.发展性学业评价是多元主体参与的评价

在发展性学业评价中，评价主体是多元化的，不但有教师，还包括作为评价对象的学生。发展性学业评价由任课教师或导师统筹、协调、主持，评价形式有学生自评、小组互评和师评。

这种多元化的评价对学生来说是很重要的。在教师的统筹、协调下，多元化的评价更全面、更到位，更有利于学生的全面发展，同时可以促使学生自我反思、自我认知、自我分析、挖掘潜能，帮助学生学会评价自己、评价他人。

3.发展性学业评价强调质性评价与量化评价的有机结合，并以质性评价为主

质性评价能更真实地反映教育教学现象，再现评价对象的个性特点，发现评价对象的潜能和最近发展区、发展趋势，并能让学生面对真实的学习任务和问题情境分析问题、解决问题，为学生提供尝试创造的机会，这对学生来说相当重要。

一般来说，量化评价和质性评价各有优势和局限。量化评价客观性强，能减少评价者的主观程度，具有简单、精确、可比性强等优点，但是也容易把复杂的教育教学现象变得过于简单，从而无法保证评价的真实性和全面性。

质性评价则比较容易评价评价对象的个性品质、人格特征、发展潜能，诊断和阐述评价对象的优势和问题，指明其发展方向，但是质性评价容易受情感、情境等因素的影响。发展性学业评价常以质性评价统整量化评价。

二、发展性学业评价的方法

（一）即时性评价法

发展性学业评价与教育教学活动共生、相伴，因此为保障教育教学活动富有成效，引领教育教学活动的方向，激发和维持学生的主动性和积极性，就要对学生的学习活动随时或及时地进行评价。

所谓即时性评价，就是在特定的情境下对所生成的新信息、新行为作出即时的鼓励、调控或引导的评价活动。评价内容主要涉及学生学习情感、情绪、态度、价值观、方法、过程、效果等方面，评价方式以言语激励、情感流露、行为暗示等为主。

心理学已经证明，在学习过程中，学生在忽然闪现一点智慧的火花或者表现出某种积极的行为时，如果能及时得到认可，就会产生一定程度的心理满足，生成一种愉快的心境。即时性评价可以在任何情境下给予评价，简单、易行、及时，评价内容广泛，包括学生的思想品德、个性品质、学习素质、分析和解决问题能力、人际关系和礼仪等。凡是涉及学生发展的，都可以纳入发展性评价的范畴。教师的一言一行都可能具有引导的作用，具有一定的心理暗示功能。人与环境共生共存并互相作用，必然会引起人的心理变化。教师的即时性评价对学生的心理成长会有一定的作用。

作为一个教书育人的教师，时时刻刻都要关心学生的发展，这就要随时运用即时性评价的策略和方法，让学生认清自己、反思自己，同时帮助学生挖掘其优势潜能，给予学生充分的肯定和欣赏，培养学生的自觉和自信。即使某个学生出现了一时的不良或不适当的行为，教师也要报以积极、热情的态度，并乐于从多个角度去观察、评价和接纳学生。

（二）表现性评价法

所谓表现性评价，就是指教师在指导学生完成一项具体的学习任务的过程中，对学生的学习状态、认知、技能、情感、态度、价值观等的发展变化，以及学习成果的考查、评价。与传统性评价相比较，表现性评价有以下特征：

1.评价的情境性

这种评价是通过设置一个真实情境，让学生把所学知识、技能同生活实际或某种实践联系起来，使学生直接面对有价值的学习任务（一项实验、一篇论文、一项设计、一次社会调查等）。在这样的情境中，学生可以充分展现其思维过程和操作技能，表明其情感、态度和价值观。在学生完成任务后，教师对完成任务的过程和结果进行评价。

2.任务的挑战性

表现性评价的任务具有挑战性，学生必须综合运用所学的知识、技能进行独立思考，才能创造性地完成给定的任务。

3.评价标准的多元性、发散性

一般来说，表现性评价的任务是可以用多种方案、多种方法来完成的。因此，在评价学生学习表现时，就不需要、也不可能制定统一的评价标准来评价。表现性评价的评价标准具有多元性的特点，可以让学生寻求自己解决问题的方案，或提出多种方案，充分发挥个人的创造性，进行发散性思考，培养创造性能力。

4.评价的过程性

评价的过程性即评价可以与教学活动同步进行，与教学过程融为一体，实现教学与评价一体化，使评价情境和教学情境相一致，能够及时检测学生的学习过程、目标达到程度，并发现生成的新目标的价值。因此，要特别重视过程性评价。

5.评价的公开性

在表现性评价中，评价的任务、课题和目标是公开的或者是师生商定的，不再有任何"神秘"色彩。全面了解评价内容和标准后，学生可以按着评价标准进行自评、互评，增强学习和评价的主动性、积极性和责任感。

6.评价信息的翔实性

传统的纸笔考试注重的是分数和奖罚，对学生未来发展帮助不大。表现性评价可以给学生的发展提供全面、丰富、可靠的反馈性、支撑性信息，促进他们在学业上更好、更快地发展。

表现性任务的基本类型可以根据不同的视角来进行分类。例如：根据完成任务的时间跨度，可以分为简短性任务和延伸性任务；根据完成任务的自由程度，可以分为限制性任务和开发性任务；根据完成任务的人数，可以分为独立性任务和合作性任务；根据任务涉及的技能性领域，可以分为表达性任务、操作性任务、思考性任务和动作性任务；等等。

表现性评价的实施程序：制定完整的评价计划—选择和构建表现性任务评价情境—确定合适的评价标准—编制有效的评价工具—与学生商定评价目标、要求和程序—现场评价。

（三）行为观察评价法

行为观察评价法作为一种新的收集学业成就信息的评价方法，受到了国内外学业评价者的普遍关注，引发了很多理论和实践上的探索，不仅用于评价学生认知的发展，而且用于评价技能、情感、态度和心理等方面的发展。

1.行为观察及其基本原理

所谓行为观察，是指教师在教学过程中对学生的学习行为所做的正式或非正式的观察活动。"观"是教师通过感觉器官获得的学生学习表现的信息，"察"则是对取得的学生各种信息资料进行的分析研究和综合。通过观察评价，教师可以全面了解学生在学习过程中的实际表现，对其学习的外显行为、内心状态以及行为结果等进行深入研究，从而对其整体学习水平作出客观、准确的评价。

2.行为观察的类型

行为观察可以按照观察内容的性质分为定性观察和定量观察，可以按照观察者参与现场活动的程度分为参与式观察和非参与式观察，还可以按照观察的情境条件分为自然观察和工作室、实验室观察。

（四）发展性纸笔评价法

纸笔考试是古今中外常用的学业评价法之一，在教学评价中使用频率最高。尤其是在传统的学业评价中，其应用已经达到登峰造极的程度，是鉴别和奖惩的最重要的手段。由于发展到极端，其弊端就明显地显露了出来。因此，从20世纪80年代以来它受到了越来越多的质疑和批判。但是，也不能把它说得一无是处。弄清其利与弊，并在学业评价中进行创新利用，可发挥其有效的作用。

一般来说，可以把纸笔考试的题型划分为客观性试题和主观性试题两大类。

客观性试题是指已经规定了明确答案的试题，要求学生正好回答出规定的唯一答案或最优答案，而不是按照自己的思考来回答问题。这种试题能有效地重点考核学生掌握事实性知识的熟练程度，并促使学生对具体的内容细节进行全面而深入的理解，养成严谨、踏实的学风。客观性试题注重的是知识记忆，难以考核学生解决问题的能力和创新能力。对于高校教育教学而言，校内考试应尽量减少客观性试题。

主观性试题指没有事先规定标准答案，学生可以根据自己的理解和思考来回答的试题。在回答主观性试题时，学生有广阔的思维空间和充分的自由，能够展示和发挥自己的理解力、分析力、思维力、联想力或想象力、论述力和创造力。因此，人们也常称之为开发性试题。艺术设计教育课程应当提倡这种试题。与客观性试题相比，主观性试题的考核目标要广泛得多、深远得多、实用得多，对于培养创造型人才有价值得多。

主观性试题可以考核高级的思维能力和解决问题的能力，如分析问题的能力、选择运用理论的能力、综合应用和解决问题的能力。这种试题能够为学生提供用文字表达其思想和观点的机会，检验其语言组织的逻辑性、整体性、丰富性和艺术性。

（五）发展性对话评价法

通过对话，学生可以知道教师的教学目的、内容和要求，教师也可以了解学生的学情（知识、智能的基础和认知能力，学习情感、态度和价值观等）、收获、体验和各种需要，诊断出其存在的问题和发展潜能。因此，师生对话既是促进教学合作的主要渠道之一，又是教师诊断学生学习情况并进行评价的"窗口"。

在教学过程中，师生会发生各种形式的语言交流，有经意的和不经意的，其中蕴藏着丰富的信息。重视这些信息，会使学业评价做得更好、更全面、更实在。发展性对话评价法的主要功能有以下几个：

第一，补充评价信息。通过对话获得的丰富信息是对其他评价法所得信息的补充，可以使整体评价更全面、更实在。对话不仅能获得丰富的评价信息，还能为学生提供评价的反馈信息，使学生得到激励和建议，促进其学习反思，从而更能发挥评价的促进发展功能。

第二，诊断问题。教师可以向学生提出较为系统、广泛而深入的问题，全面了解学生对知识的理解程度和技能、综合能力的发展水平，同时还能发现其他评价方式不能揭示的问题，以及问题产生的背景和原因。

第三，进行情感评价。对学生的情感表现进行评价，能够有效纠正"认知训练和培养失衡"的问题。通过对话，师生可以比较轻松地交流有关情感方面的各种问题，容易拓展对话的内容，逐步深入彼此的内心世界，促进学生积极学习情感的发展。

在实施对话评价法时，教师可以根据教学目的和评价的需要，采用不同的对话方式。按照对话的结构性程度，对话可以分为结构性对话和非结构性对话；按照对话对象的人数，对话可以分为个别对话和小组对话。

（六）作业点评法

作业点评法又称为课业点评法。很多课程都是以作业、课业、课题、专题、项目等形式为载体进行的，每个作业、课业、课题、专题、项目完成后，都有点评，包括完成成果和完成过程的点评。一般包括完成者自评、小组互评和师评。

（七）档案袋评价法

档案袋评价法一直在建造、商业、文学、艺术设计等领域中使用。在这些领域中，对作品或产品的评价往往成为判断工作能力和工作质量的重要依据。这种评价实际上是一种综合能力和综合素质的考核、评价。学业档案袋的构成要素、功能和特征如下：

第一，档案袋的构成要素是学生的作品和代表性材料，用来反映学生的成长历程和学习成果。这表明档案袋评价法是一种促进学生不断成长和发展的评价手段。

第二，档案袋里的作品和材料量大、面广，反映学生多方面的收获、进步和发展变化。这表明档案袋评价是促进学生全面发展的评价方法。

第三，档案袋里的作品和材料来自学生学习过程的长期积累，不是一时的拼凑。

第四，档案袋里的作品基本上属于高级思维的产物，能表现出学生应用各种知识技能和智慧的能力。

第五，档案袋里的作品各有其特色，能体现出学生的独立性和个性化等特点。

综上所述，学业档案袋是汇集和保藏学生逐步精心积累的学习成果（富有价值的作品和资料）和成长历程，并用来促进其发展的档案性信息资料的集合物。

第九章　高校教学档案管理

第一节　高校教学档案管理存在的问题及解决方法

一、高效教学档案管理存在的问题

随着高等教育的改革发展和教育教学评估工作的持续开展,高校教学档案管理工作取得了长足的进步。但就目前来讲,高校教学档案管理还存在着以下问题:

第一,高校教学档案管理的协调性不强。高校教学档案管理涉及教学管理的各个环节、机构和广大高校师生,需要大量的协调和沟通。就目前的管理来说,虽然管理的层次和职责有了基本的规范,但也存在着纵向机构、横向机构、各机构内部和高校师生之间的沟通协调不畅等问题。比如:教务部门和二级学院之间大多是布置任务与完成任务的关系,存在一定程度上二级学院对教务部门繁杂的要求不理解,教务部门对二级学院工作的效率和质量不太认可等现象;教务部门与学生部门等其他职能部门也存在相对孤立的现象,协调性不强;二级学院之间又存在盲目攀比、协同意识缺乏、教学计划冲突等现象,无法形成协调、高效的整体。

第二,高校教学档案管理的系统性不强。高校人才培养是一个系统工程,教学档案管理作为人才培养的显性出现,具有数量大、形式杂等特点,同样也是一项纷繁复杂、涉及众多要素的系统,往往被忽视。

第三,高校教学档案管理的层次性不强。高校教学档案涉及学校、二级学院、教研室和一线师生各个层面,也涉及教务、学务、考务、政务等多个方面。虽然在理论上教学档案存在多个层次和类别,但在实际的管理上,大多是以横向分类为主,教学档案建设的目录十分复杂,项目也非常多,往往使教学档案管理人员无从下手,理不清思路。

而且，虽然教学档案管理的级别和机构层次分明，但实际上教学档案本身的纵向分层却比较困难，不同教学档案之间有联系但更有相对独立性，因此显得层次性不强，也影响了教学档案体系的逻辑清晰度。

第四，高校教学档案管理的队伍不科学。目前，学校教务部门大都建立了教务、学务、督导、评估等相应科室，二级学院也有一支教学秘书、教务员的专兼职队伍，教研室档案建设也初见成效。但是高校教学档案管理队伍还普遍存在档案意识不足、专业素质不强、时间不充裕、心理准备欠缺等问题。一方面，大多数教学档案管理人员都是一线教师或行政人员出身，缺少教学管理和教学档案管理的专业背景，对教学档案地位的认识不足，在管理和处置上比较随意。另一方面，相当一部分教学档案管理人员都是兼职人员，不能保证教学档案管理的充足时间。另外，教学档案管理人员大都缺乏心理专业知识和协调沟通技巧，面对复杂繁重的教学档案收集整理任务和各种问题时显得不够成熟，容易导致心理受挫，影响教学档案管理的效果和管理队伍的稳定。

二、解决高效教学档案管理存在问题的方法

要解决上述问题，构建高校教学档案运行机制是十分必要的。高校教学档案的运行机制应是系统、科学、规范的，具体需要做到以下几点：

（一）完善制度机制，确保教学档案工作有据可依

高校要以制度建设为抓手，确保教学档案工作有据可依，有章可循。在教学档案管理过程中，高校要以《高等学校档案管理办法》等为依据，制定相应管理实施细则，对教学档案的归档范围、归档立卷原则、归档立卷程序、保管期限等作出详细、明确的规定。其中，归档范围的确定，应符合学校教学管理工作的特点，突出学校的教学特色，具有可操作性、实用性，并能消除现有的归档盲区；保管期限的制定，应注意期限、条款的明确和细化，探索划限与标时（年）结合之路。同时，高校还应规定教学档案分管领导和专兼职教学档案人员职责，制定教学档案管理工作考核办法等配套的教学档案工作规章和考核制度，把工作分解到个人，保障教学档案工作的贯彻落实。

（二）构建收集机制，保障教学档案齐全完整

高校要以全员参与为基础，确保教学档案工作质量责任纳入相应的部门和岗位中。教学档案来源分散，除上级业务部门和本校下发的各种文件、二级学院的内部文件外，还有大量文件材料散存于一线教师手中。实现教学档案的全员化管理，明确各部门和所有教师所承担的角色，有利于提高教学档案资料的归档率、完整率和齐全率。在具体的管理实施过程中，各教研室在每学期初备好档案盒，根据本学院归档范围要求，结合每位教师本学期的教学内容，确定各教师上交的教学文件材料，审核文件材料并于期末移交至学院办公室。各教师按照打印的归档材料目录，于本学期期中、期末分批将需上交的教学文件材料放入档案盒，并对所交材料签字确认。办公室负责统一整理归档，定期将涉及学校宏观层面的重要教学档案移交至档案馆统一保管，并将归档遗留下来需要续存的教学档案资料（主要是过程依据性资料）进行保存和利用。主管领导负责协调解决工作中的问题，监督检查工作执行情况。

（三）强化规范机制，促使教学档案工作规范标准

高校要以过程管理为根本，确保教学档案工作规范化、流程化。教学档案是在教学过程中形成的文件材料，因此各二级学院应遵循"四同步"原则，即事先安排教学计划任务与提出教学文件材料归档要求同步，检查教学计划执行情况与检查教学文件材料积累情况同步，鉴定教学质量、评审教学成果与审核教学档案文件材料同步，教师考核、晋升、评优等与教学档案部门出具个人相关文件资料归档情况证明同步。各二级学院依据归档范围和工作规范要求，对收集的文件资料进行科学分类、组卷、微机录入，统一编制档号、目录和检索工具，并按档号排架，入库保管，及时反馈档案工作信息。档案馆则需将主要精力投入对二级学院档案工作的指导、监督、检查和协助中去。在对教学档案从形成到永久保存或销毁的整个生命周期的全程监控中，高校要突出重点，严把关键环节，并设计补偿性控制，即对关键环节预设数目不等的补偿性控制点，以保障教学档案工作流程质量，实现全方位、全范围和全阶段的管理。这有助于将教学档案管理工作的重点由传统的"事后把关"转移到"事前预防"，从管理"结果"转变为管理"因素"，使不符合规范要求的教学档案消失在其形成过程中，做到"防患于未然"。

（四）深化考核机制，落实教学档案工作职责

高校要以绩效考核为手段，确保教学档案工作质量的可持续改进。高校可以根据制定的教学档案质量评估方案、实施细则以及配套奖惩措施进行评估考核。考核采用过程考核与年终目标考核相结合的方式，其中过程考核的实施有利于激励和约束各二级学院将教学档案管理和建设的质量落实在平时的积累中，因此过程考核应为考核的主要方式。通过考核评估，高校要对在教学档案管理和服务工作中成绩显著者给予表彰、奖励；对于年度考核不合格的二级学院，高校要取消其整体评优和相关责任人的评优资格，取消相关教师职称评定和各项奖项的评定资格，让教师切实从思想上重视自己在教学和管理过程中形成的档案文件材料。同时，为确保教学档案管理的客观性和现实性，教学档案管理应遵循教学的基本规律，将教学档案工作纳入学校教学质量保证体系考核之中，确定其考核分值占比，以确保教学档案管理的基础工作落到实处。

（五）建设服务机制，实现教学档案价值

高校要以利用需求为主导，确保教学档案工作有的放矢。教学档案的管理应打破传统的内向封闭系统状态，实现由单纯的保管向开放服务转变，以服务促管理，以管理完善服务。编研是开发利用教学档案的重要手段，对教学档案编研内容、编研方式、编研形式和编研途径的选择，是提高教学档案服务水平的切入点。教学档案编研应根据学校和二级学院工作重点、难点以及热点问题，结合教师的教学档案利用需求，将那些重要的、利用频率高的教学档案，整理汇编成册，实现由一次文献、二次文献向三次文献加工发展，形成系统、权威、深层次的教学档案信息产品。在教学档案的编研过程中，通过对原始材料的提炼，既可形成以"综合管理""教学与实践""学科专业""教材""学籍管理"和"毕业生工作"等为主题的系列汇编，也可形成"试卷管理""教案讲稿管理""精品课程""重点课程""教研活动""学生成绩"等专题汇编。这种全方位和整体性的编研工作，能有效拓展教学档案信息内涵，实现教学档案利用率根本性的突破。同时，档案馆和档案资料室要做好教学档案资料的开放利用工作，通过丰富查阅方式、简化利用手续、建立信息联系网络等形式，促进教学档案价值的实现。

（六）建立保障机制，提高教学档案工作积极性

高校要以全员素质的提升为前提，确保教学档案工作质量的贯彻落实。教学档案产

品和服务的质量取决于人的教学档案工作质量,而人的教学档案工作质量又取决于人的素质。因此,提高全员整体素质成为做好教学档案管理工作的出发点和落脚点。一方面,高校要建立完善的教学档案专兼职人员培训、考核机制,定期开展教学档案管理业务培训,通过以校内培训为主、校外培训为辅、集中培训与重点培训相结合的方式,提高各二级学院教学档案管理人员的专业技能。另一方面,高校要加大教学档案宣传力度,变被动为主动,化消极为积极,争取学校各部门和各组织管理层面的了解、认同和支持,争取广大教师成为教学档案工作的利益相关者和支持者,变教学档案管理人员的"独奏"为全员的"合奏",最大限度地化解来自各方的阻力和疑虑。

高校教学档案是高校档案工作的主体和重点,是衡量学校教育教学质量和管理水平的重要标志,也是学校开展教育教学改革和各项评估工作的重要依据。高校教学档案管理部门应在把握教学档案运行规律的基础上,结合学校实际和利用需求,借鉴先进的管理理念和方法,转变传统封闭的经验式管理,提高教学档案管理的现代化水平和服务能力,以寻得更大的生存和发展空间。

(七)建立协调机制,提高教学档案管理水平

高校教学档案管理水平是高校办学规范化、法治化和科学化的重要体现,在一定程度上反映了高校人才培养的渠道和水平。目前,高校教学档案管理主要是教务部门、二级学院和教研室三级管理。高校三级教学档案管理是否协调有序,教学档案管理的系统性、整体性是否体现,势必影响着高校办学情况和人才培养过程是否规范和科学。

近年来,二级学院在教育教学管理中的主体地位日益凸显,高校教学档案以学校教务部门的宏观指导、二级学院的分层管理和教研室的直接建设为基本模式的三级管理模式基本形成。在这种模式下,学校教务部门的工作重点在于整体协调和宏观指导,更加注重教学档案管理的督查和教学工作的考核评估;二级学院的工作重点在于教学档案的过程化、系统化管理,更加注重教学档案的规范化和应用;教研室的工作重点在于教学档案的直接收集和分层分类分期管理,更加注重教学档案的精细化和层次化。

目前,高校教学档案三级管理的机构和队伍建设已经基本完成。教务部门大部分科室分类管理教学工作和管理教学档案;二级学院大都建立了教学办公室或配备了教学秘书和教务员等教学档案管理机构和人员;二级学院大都按专业或按学科分别建立了教研室,由教研室主任负责专业或学科的各项工作。高校也都基本明确了三级教学档案管理

的职责和内容,教学档案建设与管理稳步推进,在高校教学评估与质量提升方面起到了积极的作用。

具体来说,要建立协调机制,提高教学档案管理水平,可以从以下几个方面入手:

1.巩固教学档案的宏观管理,强化其整体性

教学档案管理的主导作用在于学校的教务部门,他们不但承担着一定的教学档案的直接收集整理工作,也承担着全校教学档案的设置、规划、指导、管理工作。但教务部门应该将教学档案建设和管理的重心下移,构建教学档案三级管理的基本机制,自身更加突出全校教学档案管理的整体协调和宏观指导,把工作重点放在教学档案的宏观规范制定、业务技能指导、常规档案督查和教学工作考核等方面,更加强调和二级学院之间的纵向协调和学校各部门之间、各院系之间的横向协调。教务部门要做好教学档案管理各要素、各机构和管理人员之间的沟通和协调,发挥好教学档案管理的主导作用,做好教学档案管理召集人、协调者、裁判员的角色,形成以教务部门为核心的教学档案管理协调统一体系,体现其整体性。

2.突出教学档案的二级学院管理,强化其系统性

高校二级学院应该成为教学档案管理的主体,以及教学档案建设工作承上启下的重要枢纽,在教学档案管理中要充分发挥中坚力量和沟通枢纽的作用,认真贯彻落实学校相关部门的要求,合理制定教学档案管理的二级规范,做好教学档案意识的宣传和教育工作,加大对教研室的支持力度,规划教学档案的建设方案,形成教学档案的完整体系和教学档案建设的保障机制。同时,二级学院还应该对高校教学档案进行科学梳理,使之系统化和科学化,重点突出教学档案从收集与积累、归档与整合、编研与开发、服务与利用等环节的过程化、系统化管理,更加注重教学档案的规范化和应用效果,以提高教学档案的利用率和实际价值,为高校的人才培养奠定基础,为高校的教学科研提供资源和服务平台,突出教学档案从收集到利用的完整体系。

3.规范教学档案的微观管理,强化其层次性

教研室在教学档案建设与管理中应该起到基础性的作用。教研室是教师参与院系和学校活动的基本载体,也是教学档案收集与管理的第一环节,因此要充分利用教研室展开教学档案的收集利用工作,更加注重教学档案的精细化和标准化,建立起体现教研活动全过程的"教研室常规档案体系"。高校一定要充分鼓励和号召一线教师参与教学档案建设,以教研室微观管理为依托,建立起跟踪教师教学科研全过程的"教师个人业务档案"。另外,高校教学档案在微观管理上要采用过程管理的方式,从纵向角度

来加强教学档案的分层建设，真实反映教学的实际过程，体现教学档案的清晰逻辑体系，然后辅之以横向分类，形成层次分明的教学档案体系，加强教学档案的内在联系性和协调性，又不忽视不同教学档案的特点和作用，以更加清晰和流畅的方式来构建教学档案体系。

4.培养教学档案管理队伍的协调能力

教学档案管理工作涉及全体高校师生和各个职能部门之间纵横交错的合作关系。在实际工作中，教学档案管理人员的协调能力往往与教学档案管理工作的顺利开展和实际效果密切相关。因此，高校需要不断培养和巩固教学档案管理队伍的协调能力，通过充分的沟通与交流、和谐的对话和理解，达到各部门、各类教学档案管理的协调统一。除了要尽可能选调档案专业人员加入教学档案管理队伍，继续加强教学档案管理队伍的职业能力培训，高校也要尽量安排性格温和、耐心细致、善于沟通的人员担任教学管理人员，还要加强一线教师、教研室主任、教学秘书和学校教务部门工作人员之间相互学习和交流任职的有效机制，保证这支队伍既熟悉业务又善于协作，使教学档案管理队伍形成相互理解、相互帮助，又相互督促的团结和谐集体，构建教学档案以人为本的协调柔性管理机制。教学档案管理是一项系统工程，需要高校各部门、各院系和全体教师的协调一致和密切配合。

建立教学档案三级管理的协调机制，将会有力地推动高校教学档案建设的规范化、科学化和常规化，不断优化教学档案管理效果，提高高校办学水平。

第二节　高校教学档案管理模式

一、高校教学档案现行管理模式

近年来，国家教育行政部门加强了高校的宏观管理，对普通高校本科教学工作进行了评估，引起了人们对高校教学档案工作的重视，从而在客观上为教学档案的规范化管理提供了契机。

（一）增强教职工的档案意识，提高其对教学档案管理工作重要性的认识

高校的教学档案管理是教学管理工作中不可或缺的重要环节，以往由于多方面原因，对教学档案收集较少，如学生考试的试卷、试卷分析表等并没有被大多数高校纳入教学档案归档范围，但它们却对今后评估办学水平、研究教学及其管理的内在规律、改进教学方法、提高教学质量有着十分重要的作用。因此，要借高校教学评估契机，大力宣传教学档案的作用，在取得相关领导的支持后，通过红头文件、全校员工大会、互联网学校主页、校报等在全校范围内营造一种氛围，使教职工对教学档案管理工作形成共识，营造一个齐抓共管的良好局面。

（二）摒弃传统服务思想，主动出击，彰显教学档案效用，以有为谋求有位

教学档案的收集、整理、保管等工作的最终目的是利用，如何让教学档案活起来，应该说是值得教学档案管理人员深思的课题。一份成绩单、一张试卷都代表着学生的学习状况及学校的教学水平，在考查一名学生的同时也提高了对学校的认识，从而证明了教学档案在实际工作中占据着极其重要的位置。只有教学档案发挥了作用，它的重要性才会显现，它的价值才能得以实现。

（三）注重教学档案的收集与积累，建立科学、规范的管理制度

在教学档案管理工作中，高校要制定明确的教学档案目标管理标准，建立起一套教学档案管理制度，对有收集价值的教学材料要列入教学档案收集范围。同时，高校还要建立学校档案工作网络，确定各专兼职教学档案人员岗位责任制，制定目标管理标准考核制度，切实考核，奖优罚劣。高校教学档案管理人员应定期到教学部门了解、检查教学档案的收集情况，宣传档案业务知识，逐步参与教学管理，成为教学工作的信息咨询部门。

（四）做好编研工作，为教学管理部门的决策提供依据

教学档案管理人员应充分利用所收集的大量教学档案的优势，做好编研工作。
第一，通过对试卷的分析，从成绩的分布情况可以检查出试卷的质量是否符合学校

的要求，考查教师对教学工作的责任心。

第二，通过对现行教学管理制度汇编，可以使师生对教学管理制度有较详尽的了解，便于师生对教学管理文件的学习，增加学生的学习积极性和主动性。

第三，通过对建校以来教师的职称分布、年龄分布、学历层次分布的比较，为学校师资队伍建设决策提供依据。

高校教学档案管理人员应充分抓住机遇，强化教学档案管理，服务于教学工作，服务于教学评估工作，为学校领导的决策提供翔实、准确、客观的依据，实现自我的良性发展。

二、网络环境下的高校教学档案管理模式

高校教学档案是指高校在以往的教学活动、科研活动、教学管理中直接形成的，具有保存价值的各种文字、图表、声像等不同载体形式的教学文件，它是高校档案的重要组成部分。高校教学档案管理工作是围绕高校教学档案的收集、整理、加工、保管、开发利用等环节所组成的业务工作的总称。伴随着高校教学、科研及教学管理活动的开展，教学文件和档案持续产生。在网络环境下，高校教学档案管理呈现出虚拟性、集成性和网络化等新特点。

第一，虚拟性。数字教学档案信息的集散性、数字化以及跨平台性，使得教学档案管理表现出虚拟性。这种虚拟性，为数字教学档案信息的异构平台采集、加工处理以及利用提供了便捷的通道。

第二，集成性。利用网络的软硬件平台，实现面向师生利用的教学档案信息资源的网络集成管理和服务，是高校教学档案管理的特色和优势。

第三，网络化。信息网络已经连接高校的教学部门、行政管理部门以及后勤服务部门，这为教学档案信息资源管理提供了必要的支撑，形成的网络化数字教学档案信息资源能够为高校的教学、科研和管理活动提供必要的电子凭据和信息支持。

随着教学档案信息管理网络化趋势的日益增强，以教学档案实体为管理对象的传统管理模式越来越不适应高校的教学科研和管理的需要。要开展网络化教学档案管理工作，教学档案部门应采取适合本校特点和体现自身优势的管理模式，进行理论和实践上的创新。目前，高校教学档案管理模式主要有以下三种：

（一）集中式管理模式

这种管理模式是以高校内部的教学管理机构或教学档案管理机构为主体,而形成的一种教学档案信息资源的集中管理与提供服务的模式。从具体的操作来讲,就是以这些机构作为学校教学档案信息管理和对外服务的中心,利用配置较高的网络服务器,建立专门的教学档案信息网站,通过 Intranet（内联网）或 Internet（因特网）供校内外利用。集中式管理模式的优点在于硬件购置集中,避免重复,对教学档案信息资源的管理也比较集中,从而增加了网络信息的安全性;缺点在于教学档案信息更新较慢,易造成数字档案信息流失,不便于利用。

（二）分布式管理模式

这种管理模式是指充分利用现有的广泛分布于学校教学管理机构和各院（系、所）已有的（或配备的）网络服务器等硬件资源,通过校内发达的 Intranet 网络,把形成的教学档案信息及时上传,从而分散地提供利用服务的一种方式。分布式管理模式的优点在于教学档案信息更新速度快,信息量大,便于利用;不足是软硬件系统的购置投资大,管理难度较大,档案信息安全性不高。

（三）集成式管理模式

在网络环境下,集成式管理是高校教学档案管理的重要模式。在集成式管理模式下,高校教学档案工作要多措并举,综合性地运用各种资源,包括管理层面和技术层面等相关因素,切实实现各种资源要素的整合和集成。集成式管理模式是高校教学档案管理发展的重要趋势,尤其是在网络环境下,针对数字教学档案及有关信息资源的管理,要结合高校内的多个管理信息系统,如教务管理信息系统、各种办公自动化系统等,积极实施信息系统集成,实现网络的互联互通和系统资源的共建共享,保障高校教学"电子凭据"的真实性及其价值的充分实现。

近年来,各高校广泛建立起局域网,形成了高校内部教学、科研和管理的信息交换平台。由于局域网具有较高的安全性、易维护性、传输速度快等优点,能够满足高校内教学档案集成式管理工作开展的需要。高校内形成的教学档案广泛分布于校内各行政管理部门和教研部门,通过校内 Intranet 的构建,学校行政管理部门、院、系（所）以及档案馆（室）,可以把大量具有保存备查价值的教学文件,通过逻辑归档和物理归档,实时或定期上载或通过 FTP（文件传送协议）上传到内部网文档服务器进行集中归档保存，通过网络提供教学档案信息，供校内行政管理部门、师生利用，从而达到充分实现教学档案价值的目的。

在充分发挥校内基于局域网的档案信息资源整合和集成的基础上，充分依靠中国教育与科研计算机网（China Education and Research Network, CERNET），接入 Internet，这就形成了覆盖我国高校乃至全球的教学档案信息资源集成式管理和服务的新格局。在互联网环境下，在立足本校的管理和服务集成的情况下，高校可以进一步把丰富的教学档案信息资源，如硕士博士论文集、教案示例、教学方法与经验、课件、电子教室、试题、教研成果等教学档案信息，通过网络向国内外高校、社会各界公布，以积极的姿态为广大利用者服务。

1.集成式管理的理念及体系

21 世纪的经济全球化、交叉学科的融合为管理学领域带来了勃勃生机，集成式管理因其"集合而成"的基本特征和与时俱进的优化模式，尤其受到人们的青睐。档案集成式管理，是指集成主体以全新的管理理念及方法，突破人们惯有的常规模式，以积极的探索精神将集成的基本原理和方法创造性地运用到档案管理中的一种实践模式。教学档案集成式管理从集成新视角去分析教学管理活动，立体地、综合化地运用各种不同的方法、手段、工具，将教学档案组织中的人力、物力等软、硬资源要素有机地纳入管理视野之中，并将教学档案管理组织内外的各种集成要素按照既定的集成模式进行整合，促使各集成要素功能匹配、优势互补、动态开放及创造性融合，从而使得教学档案管理系统完整，整体功效倍增，变被动为主动，最终促进整个教学管理活动效率的提高。

教学档案集成式管理模式是根据 21 世纪信息时代电子文件和档案未来发展方向，结合高等教育的各种需求背景，有助于二级学院的档案管理与时俱进的原则，建立高校基层教学档案集成式管理体系。

从管理与利用基层档案管理的实际出发，教学档案集成式管理即将教学档案信息管理与服务的全过程作为一个有机系统实施管理。高校应以全方位、全范围和全阶段的"大集成"管理思想，运用文件生命周期和集成的理念，基于界面管理交互作用的学术新观点，赋予教学档案管理体系系统性和动态性，使重要的界面关系纳入教学档案管理状态以实现控制、协调和沟通，达到领导重视、教师积极参与、不断开发创新和相互交流教学档案信息的效果，实现以教学科研服务为核心，提高教学质量。

依据上述理念构筑的院系教学档案集成式管理体系，内容包括理念集成、过程集成、组织集成、方法集成，其中又包含"双轨制"原则、全程管理原则、界面管理原则等，使之集成一体，实现系统优化、管理高效、用户满意。

2.集成式管理的原则内涵

根据教学档案集成式管理的理念与体系，运用三项基本原则，为规范院系教学档案管理起到了较好的作用。

（1）"双轨制"原则

这一原则是指纸质与电子文档同时归档，确保文件资料的安全和利用，并统一实行集成式管理，旨在改变师生检索工具单一的状况，建立和完善多种检索渠道，最大限度地实现教学资料信息为教学服务的目标，以"双轨制"集成理念为统摄纲领，贯穿教学档案的集成式管理全过程，促进纸质与电子文档界面之间的交互作用。

（2）全程管理原则

"全程"主要是指档案生命周期，在教学实践活动中直接形成的一切原始记录从其形成到最后消亡或永久保存的完整生命过程。教学档案的整体性决定了教学档案管理的全程性。把握每个环节的界面接口联结，都应根据教学档案运动的客观规律，从宏观的角度全面有效地控制教学档案从生成到销毁或永久保存的生命过程。

（3）界面管理原则

界面原指各种仪器设备、部件、计算机等被引入管理领域，大部分引用在企业管理中。但随着时代的变化，其内涵和外延都得到迅速地拓展，应用前景越来越广阔。教学档案界面管理是指为完成某项档案管理任务，教学单位之间、单位内部各组织部门之间、有关成员之间在教学管理环节的人、物、信息等要素交流方面的相互作用关系。教学档案界面管理可分为三种情形：一是计算机的机械界面管理，二是文件入库后的整理、鉴定、保管等阶段的界面管理，三是文件的产生、收集和利用等环节的界面交互。前两种界面管理主要与物交流，最后一种与人沟通。具体表现形式为协调机构与人主体之间的交流与沟通的组织模式及管理方式，其实质就是解决教学档案界面各方在分工与协作之间的矛盾，优化管理的整体功能，实现教学质量绩效的最优化。

高校应将以上教学档案管理基本原则集成一体、互相渗透，并在建立的教学档案集成式管理体系中融会交叉应用。

3.集成式管理原则的有效运作

在实践理念集成、过程集成、组织集成、方法集成等四个方面的集成式管理运作中，通过"双轨制"原则、全程管理原则、界面管理原则等的有机集成，达到有效的管理目标，开创了院系教学档案管理的新局面，激活了高校教学改革的新思路。

（1）理念集成与时俱进

集成式管理是一项系统管理，明确集成目标至关重要。针对高校二级学院教学档案管理缺乏标准化的管理体系和连续性管理的长效机制等问题，管理者应站在宏观的角度，以教学档案为媒介，以促进教学管理的新思路为总纲领，集成前瞻性、科学性、先进性、创新性为一体的理念，设计二级学院教学档案集成式管理模式。具体操作如下：

第一，构建院系教学档案应有长远的战略视野，赋予教学档案集成式管理系统科学的内涵，要有与时俱进的理念，师生应具有强烈的团队意识和创新思想，提高教学档案管理质量。

第二，以集成思想为指导，突破惯有的教学档案常规管理模式，以科学的发展观念来改革院系档案系统，对教学档案管理体系进行前瞻性规划。按照既定的集成方式或模式协调一致，使之优势互补。

第三，集成式管理是一个与时俱进、不断调整的动态过程，以科学观念把握宏观与微观的调整，以教学档案"双轨制"管理为轴心辐射各区域，每个区域的接口应集成界面管理的理念，以此改变被动单一的管理状态。

（2）过程集成环环相扣

目前，国内高校的二级学院重教学管理、轻教学档案现象普遍存在，教学档案不齐全，难以体现教学水平，难以通过教学档案管理来监督教学管理。为改变这种状况，应在实践中运用全程管理原则。

根据院系的实际情况，高校既要对教学档案生命周期的过程进行全程集成式管理，也要研究工作方法，对管理的过程实行全程控制。

首先，高校要对传统的教学档案管理重新审视并进行改革，按教学文件生命周期各个阶段的特点和管理要求，全面梳理院系产生的所有教学文件资料，构建系统化、规范化、标准化的管理体系。

其次，高校要对集成材料的产生、收集、鉴定、整理、开发、利用、保管、销毁或永久保存等整个生命周期的每个环节严格把关，根据教学文件运动过程中各种因素之间存在着特定的内在联系等特点，解决界面接口连接的障碍，使之畅通、环环相扣，确保教学档案管理的完整性。

最后，高校还要在实行全程管理中抓重点。教学档案在全部生命过程中先后表现出不同的作用和价值，使其整个生命周期可以区分为不同的运动阶段，即档案运动阶段性的特点决定了教学档案管理的针对性，只有在把握全程管理的同时突出重点，才能实现全方位、全范围和全阶段的集成化管理。

（3）组织集成路径畅通

组织是一个社会系统，是一个由多个部分（子系统）组成的有层次、有结构的社会系统。高校的院系就是构成高校组织的子系统，而院系本身作为相对独立的组织又包含多个更小的子系统。教学档案管理是组织与人脉复杂关系交叉的系统工程，往往难以仅仅依靠一位档案员来完成。因为教学档案的来源在于教与学产生的材料，它不同于其他档案，学科多，专业性强，涉及面广，产生的档案材料按照教学档案分类体系可达 70 多种，全部记载了教学每个环节，反映了教学管理的整个状况。鉴于教学档案的属性，高校应将教学档案与教学管理直接挂钩，强化团队的力量，来实现教学档案集成式管理的目标。

界面管理作为一种管理理念和管理方式，有着更高的战略视角和更系统的内涵。高校可以根据组织集成的包容性、复杂性和协同性特点，从提高教学质量的宏观视角出发，建立机构组织沟通界面和人脉组织沟通界面管理两个体系并使二者进行互动，把循环往复的教学过程中运作的问题进行有效的、有次序的系统控制。机构组织沟通界面有各部门相互间的关系，办公室与各系部、研究所之间的关系；人脉组织沟通界面有领导与教师的关系、教师与学生的关系、档案员与师生的关系等一环套一环的网络结构。例如：要完成院系教学档案建立的同一目标，就必须从材料的产生、收集、整理等接口把握质量。教师和学生是材料产生的主体，他们是教与学的直接参与者，提高教学质量必须从材料产生的源头抓起。因此，为有效地排除复杂的教学档案界面障碍，应把握界面管理的团队性、共识性、开放性、约束性等原理，通过公关模式和组织沟通模式等集成途径，协调处理教学组织机构与教师和学生之间的各种界面关系，确保教育事业成功，实现界面管理目标。

第一，公关模式。一是宣传性，主要是利用各种传播媒介，向公众进行宣传，提高公众的认识。例如，以"认真编写教案，提高教学质量"为主题的橱窗展览，为收集教案讲稿起到了很好的宣传作用。二是交际性，是以人际交换为主，通过机构与人脉两条线的接触，交换信息，交流感情，创造良好的相互信任的心理气氛，为教学档案的产生、利用创造良好的环境。三是服务性，主要体现在学院教学档案室为师生提供优质服务方面，一方面以实际行动促进了教学水平的提高，另一方面办学层次的提高促进了管理水平的提高。

第二，组织沟通模式。院系是教学的基层管理组织，是教学管理与教学实践之间的枢纽。许多问题并不适于集权决策，协商、协作在解决这类问题时更为有效。沟通与协商机制有两种途径：一种正式途径，即制度化的信息沟通与协商机制，需要制度来保障实施，通过制度把众多组织的聚集与界面管理集成运行；一种非正式途径，即通过同级部门的负责人和工作人员之间、教师和学生之间的私人的交流与协商，来达到工作目标。两种途径相结合，形成了动态性创新界面，发挥了教学档案管理的整体优化功能。

（4）方法集成收效显著

以档案学原理为理论基础，以集成思想为指导，综合运用档案学、管理学、传播学、情报学、文学、美学等学科的理论知识的创造性融合，集成各种方法、手段、工具等资源要素，建立制度、文献、网络"三位一体"的每项功能又具有独立性的集成模式，优化方法集成的界面管理。例如，从方法上研制了经济实用、易记易操作的"三部曲十步法"教学档案集成模式，把建立体系、编研文献、数字网络三部曲集成一体，按照"十步法"的步骤及每种方法的过程，实行界面管理。数字网络技术的界面集成、三种纸质编研模式的界面集成等，赋予了教学档案内容与形式统一的文化品质。这种开放动态的集成模式，改变了高校教学档案管理现状，体现了教学档案为教学服务的实用价值。

综上所述，教学档案集成式管理模式在高校的教学档案管理实践中行之有效，三项管理原则与四个管理集成融会贯通、交互渗透，形成了一个系统规范、环环相扣的界面链，体现了以教学档案促教学质量的团队功效及整体的有机结合，从而使以往无人问津的教学档案通过集成式管理成为师生共享的参考文献，达到界面交互、路径畅通的良好状态，最大限度地发挥了教学档案的服务功能，促进了师生之间互相学习、积极进取的团队精神的形成，加快了提高教学质量的步伐。

三、高校教学档案管理模式的创新

高校教学档案管理是一项重要的工作，教学档案涉及面广，包括教学岗位的各个方面，全程记录教学过程，具有多种表现形式，高校教学档案管理的好坏直接关系到高校教学的发展。随着教育改革的深入，对高校教学档案管理要求越来越高，高校只有加强教学档案管理的创新，才能提高教学档案管理水平，进而促进教学的发展。

（一）高校教学档案管理创新的必要性

高校教学档案管理是高校管理的一项重要工作，教学档案反映了高校的办学水平，做好教学档案管理工作有助于提高高校的办学水平。就当前的高校教学档案管理工作来看，存在教学档案管理信息化水平低、教学档案管理工作不全面、专业的教学档案管理人员不足等问题，造成高校教学档案管理水平较低，严重影响高校教学的发展。伴随着信息技术的发展，计算机网络的应用也越来越普遍，高校要想更好地发展，就必须加强教学档案管理的创新，利用计算机网络技术，推进教学档案管理的信息化建设，进而更好地服务于教学。

（二）高校教学档案管理模式的创新方法

1.加强教学档案管理的标准化建设

在高校教学档案管理工作中，实现教学档案管理标准化建设不仅是我国教育改革发展的需要，也是我国信息化技术发展的内在要求。为此，在教学档案管理工作中，高校应当认清形势，用发展的眼光看待问题，引进先进的技术，建立统一的信息化管理系统，加强学校各部门之间的联系，确保教学档案的真实性。高校教学档案管理人员要善于利用信息技术，将现代化的教学档案管理资料、数据等相关信息都按照统一的标准来进行管理，形成标准的教学档案管理体系，从而将教学档案管理现代化引入正常的轨道中，同时还要做好系统维护，对教学信息进行定期更新。

2.创新教学档案管理思想

就目前来看，高校教学档案管理工作中所采用的管理方式依然比较机械，一些管理人员没有认识到教学档案管理建设的真实目的，进而影响到教学档案管理效率。为此，在高校教学档案管理工作中，管理人员要积极地创新教学档案管理思想，坚持以人为本的理念，鼓励师生共同参与教学档案建设。因为教师与学生是教学的践行者和接受者，他们最有发言权，让他们参与高校教学档案建设，可以不断完善教学档案材料，提高教学档案管理效率。

3.实现现代化的管理

在高校教学档案管理中，管理人员要不断加强现代化管理意识，规范工作行为，这样可以提高教学档案管理效率和水平。在高校教学档案管理中，实现现代化的管理，可以有效地增强教学档案管理的有效性。

此外，积极利用现代先进的科学技术，引进现代先进的管理方式，可以不断提高工作效率，从而提高高校教学水平。传统纸质教学档案的管理方式建立在手工操作的基础上，而现代教学档案的管理则必须顺应计算机技术、声像技术、网络技术迅速发展的新形势，跟上现代化的步伐，更新长期以来形成的传统管理理念和方式。高校教学档案管理人员要把计算机的缩微保护技术引入教学档案管理和开发利用工作，以便最大限度地满足社会对教学档案部门快速、准确提供教学档案信息的需求，为经济建设服务。

4.教学档案管理设备的创新

在高校教学档案管理工作中，如果设备陈旧，采用人工的方式进行教学档案的记载和管理，就可能影响到教学档案管理效率。在这个高速发展的社会，经济越来越发达，教学档案管理越来越重要，为了提高教学档案管理的水平，高校必须加大资金投入，引进先进设备，为教学档案管理工作提供保障。

5.健全管理制度

教学档案不仅关系到学校的发展，也关系到学生的成长。只有健全管理制度，才能不断提高教学档案管理水平和质量。在教学档案管理工作中，高校必须加强档案管理信息化建设，完善档案管理制度，建立统一信息管理系统来加强教学档案管理。教学档案管理制度必须从学校实际出发，以国家相关法律法规为依据制定，内容应涉及负责教学档案管理工作的单位、主要职责等。

6.加强专业管理人才的培养

在高校教学档案管理中，专业的管理人员有着不可替代的作用。高校只有重视专业管理人员的培养与任用，才能提高教学档案管理效率。对于这些专业的管理人才，高校不仅要加强职业素养的培养，还要加强计算机操作能力的培养，这样才能为教学档案管理工作提供保障。

随着教育事业的发展，对高校管理工作的要求也越来越高。作为高校管理的一项重要的工作，高校教学档案管理的好坏直接关系到高校教学的发展。面对这个飞速发展的社会，我国高校要想更好地发展，就必须加强教学档案管理的创新，在教学档案管理中加强技术的应用，进而不断提高教学档案管理水平，为教学的发展提供保障。

（三）高校教学档案管理新模式之全面质量管理

高校教学档案作为高校档案工作的主体和核心，是衡量高校教学质量、科研学术和管理水平的重要尺度。然而，在高校教学档案日常管理中，教学档案数量的庞大、范围的广泛、来源的分散，加之高校教师教学档案意识不强等，导致教学档案归档的时效性、准确性、完整性、规范性不高，利用率低下。全面质量管理是一种以顾客要求和期望为驱动，以组织全员参与为基础的质量管理形式。

1.满足利用需求，构建管理核心

全面质量管理"始于识别顾客的需要，终于满足顾客的需要"。档案信息服务的本质决定了档案活动运行的动力机制是在根本上满足利用者的需求。没有需求或满足不了利用者的需求，档案信息服务便不可能长期存在和持续发展。因此，高校教学档案管理无论是在战略设计和规划上，还是在技术、业务流程的设计形式上，或是信息资源的集成和开发上，都应始终贯穿以满足高校教学和广大教师需求为核心的基本原则，广大教师的满意度应当成为高校教学档案信息服务绩效测评体系中的基本指标。

然而在实际的利用工作中，就高校教学档案利用者和利用目的而言，利用者多为行政管理部门人员，利用需求大多源于立档单位对其部门历史资料的查询，利用教学档案的教师和科研人员较少，几乎没有人利用教学档案进行学术研究的。高校教学档案部门在整体工作中难以产生相应的旨在服务广大教师的内在驱动力，影响了广大教师对教学档案和教学档案工作的认知度和认可度，并最终成为制约教学档案工作发展的瓶颈。

（1）重视档案编研，增强服务能力

高校教学档案部门要拓宽教学档案信息服务层面，从现实出发，以挖掘现有馆藏资源为自身的"生存之道"。教学档案的重点在于开发利用，而利用的最大价值在于对原始材料的提炼和编研。因此，对教学档案编研内容、编研形式、编研方式和编研途径的选择，成为提高教学档案服务水平的切入点。在教学档案编研开展过程中，高校教学档案部门应以本校教学、科研、管理需求为出发点，围绕重点、难点以及热点问题进行专题汇编。例如，在编研过程中，高校教学档案部门融合教学评估材料整理的一些方法，采取将所有零散材料串成系列汇编的方式展示，形成教案讲稿、试卷管理、学术信息服务、学生成绩、等级考试、教研活动、精品课程、重点课程、公开示范课程、特色专业人才培养模式改革、专业综合改革、卓越人才培养等专题汇编。这种全方位和整体性的

编研工作，提高了系列教学档案的质量和管理水平，有助于教学档案利用率根本性的突破。同时，高校教学档案部门还要注重教学档案信息开发成果的推广，通过教育信息参考、报刊、展览、讲座、专题报告等多种途径和渠道将教学档案信息输送出去，真正实现其社会效益和经济效益。

（2）优化档案内容，提升信息内涵

高校教学档案部门应以馆藏渠道的拓宽，馆藏结构和内容的优化为自身的"发展之道"。为改变高校普遍存在的教学档案门类单一和载体形式单一等问题，教学档案部门要加强对非文件材料和新型载体材料的关注，多留意报纸和杂志有关教学新信息的报道材料，做好编辑归档工作。在教学档案的征集和收集范围上，高校要打破信息资源保存机构的限制，以高校局域网为基础，积极推进校内教务管理信息系统、人事管理信息系统、学生综合素质管理系统、各种办公自动化系统等多个管理信息系统的集成，实现最大程度上的信息资源整合。目前，各高校已基本建立起局域网，形成教学、科研、管理的信息交流平台。分散于学校各行政管理部门和教学单位的具有保存查考价值的教学档案，可通过校内 Intranet 的构建，物理归档和逻辑归档，实时或定期上载，或通过 FTP 上传到内部网文服务器，进行集中归档保存。教学档案检索工具系统的建立，有助于实现教学档案的真正开放。同时，在校内教学档案信息资源整合和集成的基础上，可依靠 CERNET 接入 Internet，逐步实现高校间教学档案集成式管理与服务。

2.实施全程控制，夯实管理根本

高校教学档案全面质量管理坚持"预防为主"的全过程、全方位管理，其管理工作的重点由传统管理模式的"事后把关"转变为"事前预防"，从管结果转变为管过程中的因素。而所谓高校教学档案的全过程、全方位管理，就是对高校教学档案资料整个生命周期的各个阶段进行"全程管理"，就是研究工作方法，对管理过程实行"全程控制"。

（1）管理前期介入，统一规范标准

高校要在每学期教学活动开展之前，将教学档案工作纳入教学管理活动规划之中，根据教学活动内容、特点，制订教学档案工作计划，明确档案工作管理体制、归档标准、进度和质量要求、组织和经费保障等内容。健全的管理体制和工作网络，为教学档案工作提供了组织保障；完善的教学档案工作制度、教学档案分类方案、文件材料归档范围和保管期限表等业务规范，为各立档部门在文件的形成、积累、整理、归档过程中提供了工作依据。在教学档案工作开展之前，教学档案管理部门要通过召开会议、举办培训等方式，提高立档部门对教学档案工作的认识，统一教学档案工作规范标准，明确各立档部门职责，为教学实施阶段大量文字材料的归档管理打好基础。

（2）管理中期控制，实现同步监控

高校教学档案是高校教学质量控制的凭证和载体，其作为教学管理活动不可分割的部分，使得教学档案工作和教学工作同步化管理成为可能。高校教学档案质量的全过程、全方位控制，可通过将其纳入完善的高校教学质量保证体系之中来实现，即高校教学档案工作关联部门在布置教学任务时把好教学档案的"形成关"，在教学成果验收时把好"归档关"，在教学检查时把好"质量关"，在教学总结时把好"整理关"，最后由教学档案部门把好"审核关"，在教学质量严格的监管、层层把关中，使教学档案从积累、归档到移交都处于受控状态。在具体的教学档案管理实施过程中，学校各教学单位推行预立卷制度，在学校规定归档时间之前，通过实时或定期的方式将教学过程中形成的教学档案录入教学档案管理系统软件，经教学档案管理部门检查，文件材料完整齐全，才允许实体教学档案进馆归档。教务管理部门在检查教学质量、进度时，同步检查教学档案资料的形成、管理情况。由于教务部门能参与教学全过程，对教学过程的每一个环节进行质量和进度控制，因此明确教学质量管理部门对教学档案工作的监督职责并落到实处，是实现教学档案工作全过程管理的关键所在。教学档案管理部门应实行教学档案工作联络员制度，教学档案管理人员定期检查、监督和指导对口联系的立档部门的教学档案工作，考核教学原始记录和质量评定资料的形成与管理情况。

（3）管理后期验收，开展总结反馈

教学档案管理人员要对收集的文件材料逐份检查，核查教学文件材料是否存在复印件、漏签字现象，核查文件资料记录是否完整、准确，核查形成的文件材料是否规范。对不符合归档要求的，教学档案管理人员要将其退回。教学档案管理人员还要将同步归档的电子文件和纸质文档数字化处理形成的电子文件，通过网络传输给相关立档部门，实现服务和保存并举的目的。

3.促进全员参与，扎实管理基础

各级人员都是组织之本，唯有其充分参与，才能使他们的才干为组织带来"最大的收益"。高校教学档案全面质量管理活动需要高校各职能部门的各层次人员的参与，只有充分调动广大教师参与的积极性，才能从根源上保证教学档案质量管理体系的预期收益。

（1）构建管理网络，细化全员责任

为调动全员参与教学档案管理工作的积极性和落实全员责任，学校可以成立以主管教学档案校长为主任、相关部门负责人为委员的"教学档案管理委员会"，并依据《高等学校档案管理办法》，定期检查、指导教学档案管理工作。高校要建立教学档案分级管理模式，在校级教学档案管理部门统一管理下，形成教学档案管理网络体系。高校在实行层级目标责任制时，要坚持"谁经手，谁负责；谁主办，谁预立卷"原则，将责任细化到每项职责、每个管理阶段、每个人员。高校还要根据教学档案管理责任人的业务工作及教学档案管理部分的工作量大小、难易程度及重要等级，制定切实可行、细化的考核标准和分值，并依据考核结果进行相应的奖惩，以确保考核的落实。需要注意的是，学校领导是人、财、物等稀缺资源分配权的掌握者，其对教学档案的重视是高校教学档案质量管理体系有效运行的重要保障，因此明确和落实各级领导教学档案管理职责应为全员参与的首要内容。

（2）加强教学档案宣传，强化教学档案意识

档案意识是人们对档案和档案工作的主观印象，是人们对档案性质和价值的认识，对档案工作的性质、地位和作用的认识。档案意识越强，越有利于档案材料的有效收集，越能提高形成的档案材料的时效性、准确性和完整性。教学档案宣传是提升高校教师教学档案意识的有效方式之一。高校教学档案部门应立足于现有馆藏，充分发挥教育基地功能，配合当前形势和学校中心工作，举办不同形式的教学档案展览宣传。展览的形式应多样化，如室内展览、网络展览、流动展览。展览的内容应具形象性、直观性，且不局限于教学档案自身的介绍，还应尽可能多地介绍教学档案的利用途径和方法。例如，在宣传教学档案信息资源开发成果时，公布馆藏情况，提供档案馆详细地理位置图、查询电话和电子邮箱等，使广大教师对教学档案的认识延伸至教学档案机构、教学档案工作、教学档案人员等各方面。

4.坚持持续改进，落实管理目标

质量是"一组固有特性满足要求的程度"。高校教学档案对教学和广大教师需求的满足程度越高，其质量越高，反之则认为其质量越差。为适应复杂的外部环境、满足教学和广大教师不断变化的需求，增强高校教学档案质量管理体系的有效性和适应性，持续改进是落实高校教学档案质量管理的有效途径。

（1）开展教育培训，提高综合素质

全面质量管理始于教育，终于教育。质量教育是高校教学档案质量管理体系运行的

基石，也是体系有效运行的切入点。因此，在教育培训的内容上，一方面，高校要注重全面质量管理基本知识的教育。高校要通过培训和引导，让档案管理人员树立"质量第一""利用者第一""预防为主""持续改进"等意识，使教学档案质量管理工作临时性、突击性的习惯做法转变为日常工作中的持久性、一贯性做法。另一方面，高校要加强教学档案管理知识和技能的培训。这样可以提高高校教学档案专兼职人员的操作技能，为教学档案管理的规范化、标准化提供直接保证，为及时识别和改进需求并有效实施教学档案质量持续改进提供基础。在教育培训形式上，高校应积极创新，如将岗前培训和岗上培训相结合，全员培训和骨干培训相结合，日常培训和专题培训相结合等，以促进教学档案管理人员整体素质的提高。

（2）构建反馈系统，完善服务质量

高校教学档案质量管理信息反馈是持续改进教学档案质量管理的源泉，是一切教学档案质量活动的依据，是教学档案质量管理的"神经系统"，它存在于教学档案质量管理的全过程中。因此，高校要明确教学档案管理网络中各信息收集人的责任、收集内容、收集周期、收集方式及传递途径等，形成一个纵横交错、流程最短、传递渠道畅通的信息网络，以保证教学档案管理反馈信息的时效性、准确性和真实性。例如，教学档案管理部门通过完善查（借）阅登记工作，建立用户联系制度，开展实地调查和电话回访，分发教学档案信息反馈表，编发教学档案利用社会效益、经济效益实例等方式以提高教学档案利用工作的反馈。高校还要加强反馈信息与教学档案管理新决策的联系，对于教学档案质量日常管理中发现的潜在或已暴露的问题，应结合具体过程、岗位目标和要求等，采取纠正或预防措施；而对于涉及较大范围或整体性的改进，需以教学档案质量方针和目标为导向，以数据分析、反馈信息等为切入点，建立基本工作规则和纠正预防程序，形成系统、全面的持续改进工作结构，以促进教学档案质量管理螺旋式提高。

科学合理的高校教学档案管理是监控高校教学质量、提高管理效益、开发优化教学资源、提高办学特色和水平过程中的一项前提性、基础性工作。高校教学档案全面质量管理作为一种全员参与、全过程控制、持续改进的系统性工程，对高校教学档案和服务质量的提升、管理系统的优化和管理绩效的提高起着积极的作用。

第三节　高校教学档案建设与管理

高校教学档案工作是国家档案事业的重要组成部分，随着高等教育事业的发展，高校教学档案工作得到了迅速的发展。随着以教育部本科教学工作水平评估为主的教育评估工作的不断深入，教学档案在收集信息、记录历史、总结经验、提供参谋等方面的作用越来越明显。系统地收集、科学地管理教学档案是高校做好教育评估的一项基础性工作。

一、加强高校教学档案建设与管理的必要性

（一）加强高校教学档案的建设与管理，是适应教育部本科教学水平评估的需要

为了加强本科教学工作，提升本科教学质量，教育部规定，所有本科院校都必须接受教育部组织的本科教学水平评估。丰富、翔实的教学档案资源，是准备评估材料的重要基础。但是，目前有些高校的教学档案，存在着不适应教育部本科教学水平评估的诸多问题。例如：重视上级红头文件，轻视本校文件材料；教师的教学档案收集得不系统、不完整；系、部的教学档案建设没有引起足够重视，只有在进行检查、评估时才匆忙进行整理。

（二）加强高校教学档案的建设与管理，是提高教学质量、搞好教学研究的需要

高校教学档案是教学水平评估的指标之一，这不仅仅因为它是一种历史记录，更重要的是它还是一种质量记录，能为教学管理提供参考，为教育决策提供咨询，因此教学档案的利用率非常高。高校的中心任务是将教学搞好，围绕高校教学活动所产生的大量的各种类型的材料记录、报告等形成了高校档案群中所特有的教学档案。教学档案记载了教学管理工作的内容、途径和效果，能准确地反映高校各个历史时期的教学管理、教学质量，内容丰富，成分也较复杂，在高校的全部档案中占有相当突出的地位，

在教学管理中具有特殊的重要作用。因此，只有及时将教学档案完整地收集起来，并进行系统化、科学化的整理，才能使教学档案为提高教学质量、改进教学方法、促进教学研究服务。

（三）加强高校教学档案的建设与管理，是适应信息化时代的需要

教学档案信息化是一个以信息网络为基础，以信息技术的广泛应用为主导，以教学档案信息资源建设为核心，以信息人才为依托，以教学档案信息法规、政策、标准为保障的综合体系。但是，在我国的教学档案信息化过程中，目前仍存在着思想认识不到位、人力和财力投入不到位，以及在教学档案信息安全上过于苛求等问题。由于高校教学档案具有多学科性、多样性、广泛性、层次性、时序性和成套性等特点，所以加强高校教学档案信息化建设，既有利于提高教学档案的管理水平，也有利于提升教学档案的服务效率。尤其是随着高校规模的扩大、层次的提高，生成的相关教学档案成倍增加，阅档和编研业务量也成倍增加，如果不利用信息化手段，就很难适应新形势发展的新要求。

二、高校教学档案的目标导向

（一）目标导向的具体内容

1.服务于专业和学科建设

专业和学科建设是学校可持续发展的重要基石，也是高校办学的核心工作。教学档案管理在专业和学科建设方面可以发挥的作用是提供借鉴、规范引导。一方面，高校可以通过教学档案总结前人或其他学校的经验，吸取教训，为寻找高效可行的专业和学科建设道路提供依据；另一方面，专业和学科建设工作千头万绪，完善的教学档案管理可以为专业和学科建设提供规范的引导，有助于构建工作框架，明确工作抓手，完善工作流程，强化工作规范。

2.服务于教育教学改革

教育教学改革是高校教学工作的永恒主题，是高校形成办学特色、打造办学品牌的必由之路。教学档案中包含着培养目标、教学内容、教学模式和学生特点等丰富的信息，人们往往会忽视这些信息在引领教育教学改革方面的作用。教学档案管理人员需要提升

分析总结这些信息的洞察力，高校则要建立起教学档案管理人员、教师、教学管理人员定期集中分析这些信息的机制，通过分析明确教育教学中"有什么、缺什么、需要什么和舍弃什么"，引导教育教学改革的方向和途径。

3.服务于学生的发展

学生的能力与素质是高校办学水平的集中体现，促进学生的发展是高等教育关注的焦点。目前，不少高校教学档案管理服务于学生，仅限于为学生提供学业成绩证明。这样的服务是远远不够的，服务工作还应该向前和向后延伸。向前延伸是通过分析以往学生学业和能力培养的信息，指导新生的生涯规划，让新生在制定生涯规划时能有所借鉴；向后延伸是通过记录更加全面的学生能力、特长和性格特征方面的信息，使教学档案在引导学生就业、分析学生职业能力倾向方面发挥更大的作用。

4.服务于教师的成长

教师是高校可持续发展的重要依托，也是高校办学质量的名片。随着高等教育办学规模的急剧扩大，不少高校教师队伍都呈现出年轻化的趋势，在教学传承上出现了断层的现象。由于大批刚毕业的博士、硕士踏上讲台，他们在学术上的成就并不能弥补在教学经验上的不足，而一些高校人手紧张，导致"新老结对"和助教制度很难全面覆盖。组织新教师参阅和学习教学档案，可以帮助他们尽快熟悉教学规范，把握教学改革的方向，促进他们的成长。

（二）构建目标导向型的高校教学档案服务体系

1.增强服务意识，强化制度管理

教学档案管理工作的边缘化除了一定的客观因素，主观的服务意识不强、服务对象不明确也是问题存在的原因。搞好教学档案管理工作最重要的切入点就是明确服务导向，在此基础之上梳理各服务导向具体的服务项目，确立相关服务工作的目标、对象和要求，并使之制度化，保证服务工作长期有序有效地运作。增强服务意识是这一切的基础，要在每一位教学档案管理人员的心目中确立这项工作是一项服务工作，其根本目的是服务于学校发展的理念。当然，增强服务意识不仅仅来源于教学档案管理人员思想上的自觉，更需要学校通过制度强化教学档案管理的地位，明确教学档案管理的规范和责任，同时激发教学档案管理人员的积极性。

2.坚持目标导向，优化归档方式

在教学档案服务的四个导向中，高校应该以服务于专业和学科建设为龙头，以服务于教育教学改革为着力点，以服务于学生发展为目标，以服务于教师成长为支撑。按这四个导向，教学档案可以分为教学运行、实践教学、教学科研、质量工程、学业管理、技能竞赛、服务社会和队伍建设等八个方面，每个方面又可以进一步细分为若干小类，优化教学档案的分类体系。在教学档案材料的组卷方式上，高校要以某一项工作为单位，实现全面及时归档，避免某一项工作的材料分散在不同的案卷中，甚至造成教学档案材料的缺失。组卷后的案卷要按照工作的性质纳入上述八个方面的某一类中，如某一材料与多个类别有关，可按照最相近的原则纳入某一类别。在归档形式上，高校要重视纸质文件和电子文档的集中统一归档，避免因材料形式不同而造成案卷材料不全或材料遗失。

3.档案工作前置，重视服务延伸

要充分发挥教学档案在教学管理和改革中的作用，高校教学档案管理人员必须具有档案工作前置意识，在开展相关工作之前，要把查阅和参考教学档案、了解工作的具体要求和规范作为必备前置环节，使教学档案能够真正发挥对相关工作的引领和规范作用。教学档案服务的前置还有利于高校教学档案管理人员事先了解在工作中哪些材料必须注意收集和及时归档，这也有利于教学档案的进一步完善，促进教学档案管理的良性循环。拓展教学档案的服务领域，强化其服务功能不仅需要教学档案服务的前置，还需要重视服务的延伸。比如，通过教学档案对教学改革和质量工程的效果进行持续的监控和评估等。

4.加强档案编研，强调及时反馈

目前，高校教学档案管理中存在着重形式、轻应用，重收集、轻分析的现象，各种教学档案材料满足于简单收集、分类、归档，而忽视了对教学档案材料的研究和分析，弱化了教学档案工作对教育教学工作的反馈和引导。因此，要强化教学档案材料的编研工作，高校教学档案管理人员在开展常规教学档案编研工作的同时，可以每1~2个学年确定一个教学档案编研的主题，着力解决当前教育教学工作中面临的主要问题。由于高校教学档案管理工作大多是由教学管理人员兼职担任的，因此教学档案的编研工作可以采取开放编研的方式。这样，一方面可以吸纳高校相关专业的教师、图书馆与档案馆等部门的专业人员和社会上的相关专家参与教学档案的编研，获取丰富的研究素材；另一方面又可以有效地提高教学档案的编研质量，及时为教育教学工作提供指导。

5.完善信息系统，强化人员培训

档案材料的电子化是信息时代的必然要求，而通过信息管理系统来管理档案则是档案管理工作的必然趋势。目前，大部分高校建有OA（办公自动化）系统和教学管理系统，虽然这些系统使各类教学管理材料初步实现了电子化和无纸化，但这些系统本身整合程度低，在设计时也没有统筹考虑教学档案管理的特点和需要，因此还不能成为教学档案管理的载体。因此，有必要建设集中统一的教学管理信息系统，在其中纳入教学档案管理模块，模块的设计既要考虑教学档案管理的统一性和规范性，也要考虑教学档案材料的开放性和多样性，依托管理信息系统创新教学档案管理方式，强化教学档案资料的网络共享。此外，高校还要加强对相关人员的培训，特别是要针对不同的人员开展有针对性的培训，比如教师需要在什么时间节点提供什么样的教学档案材料，学生对自己个性化的教学档案材料怎样进行管理等。

要充分发挥教学档案管理的效益既需要长期的积累，更需要明确的服务目标和工作规范。明确教学档案管理的服务导向，厘清教学档案的分类体系，拓展教学档案服务的领域，强化档案材料的编研，创新教学档案管理的方式，对高校提升办学质量、形成办学特色、打造办学品牌具有重大的现实意义。

三、高校教学档案建设与管理的基本要求

（一）教学工作和教学管理工作是高校教学档案建设与管理的基础

要建设与管理好高校教学档案，首先要加强教学工作和教学管理工作。在教学管理和教学实践中直接形成的具有保存价值的文字、图表、声像等文件材料，是高校教学管理水平和教学质量的记载，是高校教学档案的主体、核心和重点。只有高水平的教学实践和教学管理工作，才能产生具有较高利用价值的教学档案。只有严格按照教学管理的规章制度开展教学活动，进行教学管理，所形成的教学文件资料才能确保教学档案的质量，充分发挥教学档案的应有价值。

（二）以学生和教师为本是高校教学档案建设与管理的本质

高校是为社会培养专门人才的地方，教学是学校的中心工作。教学档案是学校教学

活动的原始记载，它具有凭证作用，是教师教学工作的真实反映，是学生学习的真实记载。例如，在校学生花名册为学生提供学历证明，学生成绩单、毕业论文设计记载了学生在校的学习成绩，学籍反映了学生学籍变更情况和毕业情况，教师的授课计划、教学大纲、教案、多媒体课件、听课表、教师教学质量的检查评估及年度考核材料等为教师晋级、职称评定提供了有力的依据。建设和管理好教学档案，让学生和教师充分利用教学档案资源，既可以进一步增强学生学习的积极性、主动性和创造性，又可以进一步提高教师的教学改革和教学研究水平。为此，高校教学档案建设与管理要体现以学生、教师为本的全面、协调和可持续发展观。

（三）科学规范的管理制度是高校教学档案建设与管理的保障

高校教学档案建设与管理作为教学管理的重要环节，应予以高度重视，并需要制度作保障。高校应制定科学规范的规章制度，明确有关人员的职责，规范教学档案建设的标准，建立教学档案管理的检查、评比、监督、奖惩机制，使教学档案的形成、整理、利用常规化、制度化和现代化，确保教学档案的系统性、完整性和科学性，提高教学档案的利用率。高校应将教学档案工作纳入教学计划、规划之中，纳入教学管理制度之中，纳入各级管理人员岗位责任制之中，并将教学档案工作作为考核教学质量和管理水平的标准之一。同时，高校还应做到下达教学任务与提出教学文件材料归档要求同步，检查教学工作与检查教学文件材料形成积累情况同步，评审、鉴定教学质量、教材、毕业论文、优秀教学成果与审查、验收教学档案材料同步，上报评审材料、教师考核晋升与教学档案部门出具归档证明同步。只有切实贯彻以上要求，才能确保教学档案的形成与收集相衔接。显然，严格教学档案管理制度，及时审查、验收教学档案材料不仅是教学档案的完整性和系统性的保障，也是对教学工作和教学管理工作规范化和科学化的有力促进。

（四）明确职责、密切协作是高校教学档案建设与管理的关键

高校教学档案的形成、衔接、管理、利用各环节涉及部门广、人员多，由于教学文件资料来自不同的职能部门甚至个人，因此必须明确有关人员和部门的职责，使其各司其职、各负其责、密切配合，从而建立起系统、完整、分类科学、便于利用的教学档案。在建设教学档案的过程中，高校要明确各单位和相关人员的责任，同时还要建立一个包

括分管教学工作的学校领导、教学管理部门领导、系主任、教研室主任、各系教学秘书（兼职档案员）、校档案室人员在内的负责衔接工作的人员网络。学校领导和教学管理部门领导主要从宏观上规划教学工作与教学档案工作的衔接，建立健全有关管理制度，把教学档案工作纳入教学管理之中并监督执行。教务处、科研处负责将上级有关部门下发的文件和在招生工作、教务管理、科研管理过程中形成的文件资料交由相关的系、部、科、室分门别类、整理归档。

（五）高素质的管理人员是高校教学档案建设与管理的保证

教学档案是为教学管理和教学实践提供参谋、咨询服务的，要有效利用教学档案，就要在分类、整理、分级归档的过程中按照档案分类的科学规范，根据类别按时间顺序整理、存放。这是一项烦冗、细致的常规工作，要求管理人员以负责的精神和科学的态度及时整理文档，避免因文件资料日积月累而增加整理工作的难度。可见，教学档案的收集、整理、管理是一项科学性、规范性较强的工作。只有建设一支档案意识强、业务水平高的教学档案管理队伍，高校教学档案的建设工作才能做得顺利、紧凑。高校教学档案管理人员应具有以下四个方面的素质：一要有政治素质，要高举中国特色社会主义伟大旗帜，深入贯彻落实党和国家的相关方针政策；二要有专业素质，掌握有关教学档案管理的法律、法规和教学档案管理的知识、技能和技巧；三是要有服务意识，要树立全心全意为学生、教师服务的思想，引导学生、教师查阅有关教学档案，提高服务效率；四是要有创新意识，创造性地开展教学档案的管理工作，积极主动地了解教学的新情况，处理新问题，适应新变化，努力探索教学管理的新方法。

四、高校教学档案建设与管理的对策

（一）建立健全教学档案管理制度

1.提高认识，把教学档案管理摆在重要位置

高校应重视教学档案管理，建立健全教学档案管理的制度，实行规范化管理；投入一定的资金，加强硬件建设；置备必需的教学档案备用库房和柜架，以及防盗、防火、防潮等设施；配备专门的教学档案管理工作人员，并对其进行专业培训。

2.建立教学档案立卷归档制度

凡是学校的教学文件、教师工作量、学科建设、考试安排、教学大纲、教学日历、学生成绩与学籍、课表等都要分类归档，教师的教学计划与总结、学术研究资料等要及时收集并归档，对归档文件以件为单位进行科学有效的装订、分类、排列、编号、编目、装盒，做好书写材料档案保护工作，归档文件应齐全完整，已破损的文件应予以修整，字迹模糊或易蜕变的文件应予以复制。

3.实行并不断完善教学档案管理人员岗位责任制

高校要明确教学档案管理人员的职责、权限、任务、考核和奖励措施。教学档案管理人员应时刻铭记自己的岗位职责，树立高度的责任感；熟悉所藏教学档案情况，及时了解各项工作对利用教学档案的需要，开发教学档案的信息资源，做好文件借阅登记工作，并督促借阅者按时归还文件，防止重要文件的流失；做好教学档案库房设备的安全保护工作。

（二）提高教学档案管理人员的素质

首先，提高教学档案管理人员的政治与思想素质。高校教学档案管理人员必须坚持党的四项基本原则，坚持改革开放，拥护社会主义制度，自觉执行党的各项方针、政策，同时还要遵守学校的各项规章制度，在政治上与党中央保持一致，在行动上服从学校工作大局。教学档案管理工作要适应新形势下国家政策和发展的需要，服务于学校教育事业的发展。

其次，提高教学档案管理人员的职业道德素质。高校教学档案管理人员必须树立一切为学生服务的指导思想，对教学档案工作具有高度的责任感与事业心，爱岗敬业，忠于职守，认真负责，脚踏实地，作风正派，处事公道。以学籍档案为例，教学档案管理人员应按时统计分类归档，严格按规定办事，确保学籍管理材料真实、准确，切忌因为自己工作上的疏忽或外界的干扰而影响教学档案的质量，甚至造成不良后果和恶劣影响。

最后，提高教学档案管理人员的知识素质。科学技术的飞速发展、信息技术的出现，对教学档案管理人员的知识素质提出了更高的要求。高校教学档案管理人员必须具备一定的专业理论知识，具有多学科的知识体系结构。也就是说除精通教学档案专业知识外，高校教学档案管理人员还要努力学好高等教育学、高等教育心理学、社会公共关系学、情报信息学、计算机科学、高等行政管理学等学科知识，时时更新自己的知识结构，以适应新时期高校发展的需要。

（三）实现教学档案管理的科学化

教学档案管理工作的基本任务就是把教学档案组成一个体系，通过分类使之固定下来，为使用提供方便，从而使教学档案更好地服务于教学工作。因此，实现教学档案管理的科学化，就要树立先进的管理思想，学习科学的管理理论，继而采取与之相适应的组织结构、组织行为、管理方法和管理手段。

一方面，高校要按照成果性和记录性并举的原则确定教学档案归档范围，确保教学档案的完整与安全；另一方面，高校还要对收集起来的教学档案进行加工整理，做好科学分类和鉴定工作，根据学校的规模和教学档案的类型及数量，设置好二级类目，以便教学档案的利用。

参 考 文 献

[1] 陈丹红.大数据时代高校学生工作创新探究[J].教育教学论坛，2018（35）：13-14.

[2] 陈少雄，宋欢."三大创新"推动高校学生思想政治教育工作化无形为有形[J].高教探索，2018（8）：104-106.

[3] 范晓，倪婷.大学生党员教育管理创新探索[J].才智，2018（34）：37.

[4] 方雪梅，李杰.新媒体环境下高职院校核心价值观教育的路径选择[J].职业技术教育，2018，39（20）：58-61.

[5] 顾赟，林丹.高校网络舆情视域下的大学生思想政治教育[J].教育与职业，2016（15）：40-42.

[6] 郭军.基于创新能力培养的教学管理改革研究[J].湖北函授大学学报，2019,32(4)：3-4.

[7] 郭立场.新形势下高校学生党支部建设存在的问题及对策探析[J].中州学刊，2019（3）：17-21.

[8] 韩雪青，高静毅.大学生思想政治教育"主渠道""主阵地"协同育人探究[J].学校党建与思想教育，2018（3）：22-24.

[9] 胡玉冰.浅析互联网背景下信息化背景下高校学生管理问题的创新[J].神州，2019（3）：105，107.

[10] 花树洋，程继明.大数据时代高职院校学生教育管理的现状审视及发展对策[J].教育与职业，2019（3）：36-40.

[11] 蒋娟，程志波."新时代"背景下信息化背景下高校学生管理工作创新研究[J].中国成人教育，2017（2）：39-41.

[12] 李正军.信息化背景下高校学生管理工作概论[M].保定：河北大学出版社，2002.

[13] 刘伦.信息化背景下高校学生管理制度创新探索[M].重庆：重庆大学出版社，2006.

[14] 孟宣廷.高等学校学生管理法治化研究[M].大连：大连理工大学出版社，2005.

[15] 王凤彬，李东.管理学[M].北京：中国人民大学出版社，2000.

[16] 曾瑜，邱燕，王艳碧.高校学生管理工作法治化研究[M].成都：西南交通大学出版社，2016.